ELMAR

CLAUDIA PLESS

Wat ik altijd al over mezelf en de mannen heb willen weten...

PSYCHOLOGISCHE TESTS VOOR VROUWEN

ELMAR

*Wat ik altijd al over mezelf
en de mannen heb willen weten...*
is een uitgave van
Uitgeverij Elmar BV, Rijswijk, 2004
Oorspronkelijke titel: *Was ich schon immer über mich und die Männer
wissen wollte... und weitere Psychotests für alle Lebenslagen*
© Oorspronkelijke uitgave: Rowohlt Taschenbuch Verlag,
Reinbeck/Hamburg
Nederlandse vertaling: Geraldine Juursema
Copyright Nederlandse vertaling:
© 2004 by Uitgeverij Elmar BV, Rijswijk
Vormgeving omslag: Wil Immink
Omslagillustratie: Knud Jaspersen
ISBN 90389 15411
NUR 776

Inhoud

Een paar opmerkingen vooraf

Wat weten we eigenlijk over onszelf en het leven? Wat verwachten we ervan? En welke rol spelen mannen daarbij?

Vaak houden we ons alleen maar met dergelijke vragen bezig als we voor een belangrijke keuze in ons leven staan en het vage gevoel hebben dat het zo niet verder kan en er iets dient te veranderen. Dat kan het gevolg zijn van een crisis (waar je je bewust of onbewust van bent), al dan niet van voorbijgaande aard, of een diepgevoelde wens op zoek te gaan naar meer zingeving, betekenis en inhoud. Hoe harder we op zoek zijn en hoe meer moeite we doen om inzicht te krijgen in die dingen die belangrijk voor ons zijn, hoe gemakkelijker we over het hoofd zien dat de antwoorden eigenlijk voor het grijpen liggen... namelijk in onszelf! Maar als we de antwoorden uit onze ziel willen opdiepen, hebben we een sterke wil, geduld en vooral moed nodig, omdat hetgeen we op onze zoektocht naar ons zelf tegenkomen niet altijd goed bevalt. En omdat we ons soms ongemakkelijk voelen bij wat we ontdekken en dat komt niet altijd als vanzelfsprekend overeen met het beeld dat we van onszelf hebben...

Toch is het belangrijk af en toe eens na te gaan of het beeld dat je van jezelf hebt, overeenkomt met het beeld dat anderen van je hebben. Want een al te groot verschil tussen jouw zelfbeeld en het beeld dat anderen van je hebben, leidt vaak tot misverstanden. Als je daarentegen weet wat je oproept bij de ander of welke gedachten en reacties je misschien bij mannen oproept, dan kun je je handelen daar beter op afstemmen, ingesleten patronen doorbreken en mogelijke teleurstellingen proberen te voorkomen.

Dit boek helpt je stereotiep gedrag te onderkennen, je bewust te worden van eventuele voorkeuren, persoonlijke sterktes en zwaktes nauwkeurig te analyseren en met alle verworven kennis goed beslagen ten ijs te komen in de verschillende situaties die zich in jouw leven kunnen voordoen. De psychologische tests in dit boek kunnen een prikkel zijn om je gedachten te laten gaan over iets wat je al langer bezighoudt. De antwoorden op jouw vragen zul je echter uiteindelijk alleen bij jezelf kunnen vinden!

Hoe diep je wilt gaan en of je nieuwe kanten van jezelf zult ontdekken, hangt vooral ook af van de vraag hoe eerlijk je de vragen beantwoordt. Elke test is een subjectieve weergave van de manier waarop jij naar de dingen kijkt; dat is namelijk jouw manier. Dat klinkt logisch, anders zou een buitenstaander de tests voor je moeten maken. Maar ook dat zou een subjectieve manier van kijken zijn. Echte objectiviteit bestaat niet, geen enkele waarheid is absoluut. Daarom pretendeert dit boek niet wetenschappelijk te zijn, maar wordt uitsluitend gevraagd naar schijnbare feiten. Ook subjectieve ervaringen kunnen spannende inzichten opleveren, omdat bijna alles in het leven uiteindelijk een kwestie van perspectief is en omdat veel dingen gerelativeerd kunnen worden, als je maar voldoende afstand houdt.

Natuurlijk zijn mensen niet in te delen in hokjes, maar ieder mens neigt wel naar een bepaalde typologie en iedereen laat facetten van een bepaalde persoonlijkheid zien. Dat betekent dat er duidelijke psychologische profielen gemaakt kunnen worden, waarin een groot aantal mensen zich zal herkennen.

Als je alle vragen die met jou te maken hebben beantwoord hebt en de daarbij behorende puntenaantallen volgens de uitslagtabel bij elkaar opgeteld hebt, kun je de kenschetsen lezen van het type dat overeenkomt met de totaalscore.

Houd wel het volgende in gedachte: er bestaan geen types pur sang, net zo goed als er geen eendimensionale persoonlijkheden bestaan. Ieder mens is door de verschillende invloeden waaraan hij blootstaat en zijn eigen karaktereigenschappen, uniek! Het resultaat van de tests geeft alleen een beeld van je voorkeuren. Daarom zul je ook een categorie hoger en lager bij de totaalscores uitspraken vinden die op jou van toepassing zijn. Vooral als de uitkomst dicht bij een hogere of lagere categorie in de buurt zit – dus als er maar zes tot negen punten verschil zit tussen jouw totaalscore en die van een ander type – kun je het beste de toelichting in beide categorieën lezen.

Je zult bij het lezen van de uitslag op bepaalde kanten van jouw persoonlijkheid stuiten, waar je je tot dan toe absoluut niet bewust van was. Je zult er achterkomen of je in balans bent en concrete tips krijgen hoe je de relatie met je partner kunt verbeteren, (beter) voor je lichaam kunt zorgen en hoe je mannen (nog) beter kunt plaatsen. Je zult ook beter op de signalen van je eigen lichaam gaan letten en er verstandiger mee omgaan. Vergeet echter niet dat de psychologische tests in dit boek je wel in een aantal opzichten de ogen kunnen openen, maar dat je de uitkomst vervolgens ook moet (willen) accepteren!

Liefde en relatie

Welk relatietype ben jij?

Wie blijft er graag op de lange duur alleen? Ieder mens heeft behoefte aan geborgenheid, liefde en warmte. Maar niet iedereen kan zich voorstellen tot in de eeuwigheid slechts van één iemand te houden, bijna elke vrije minuut met hem door te brengen, er voortdurend voor hem te zijn, alleen hem te begeren... en dan niet het gevoel te hebben iets te missen. Terwijl sommige mensen liever alleen door het leven gaan of hun partner altijd op een veilig afstandje houden, gaan andere voor duurzaam liefdesgeluk en klampen zich helemaal vast aan de ander. Of je nu graag bij je partner bent of hem liever op een afstandje houdt, kiest voor intimiteit of waarde hecht aan een stukje privé, niet iedereen stelt dezelfde prioriteiten binnen een relatie. De manier waarop we ons binden, bepaalt hoe dicht we onze partner bij ons toelaten. Onderstaande test laat zien naar welke relatievorm je neigt. Alleen als je je bewust bent van de manier waarop je je bindt, kun je mogelijke oorzaken achterhalen die in het verleden tot problemen, misverstanden en teleurstellingen hebben geleid. Vaak handelen we steeds opnieuw volgens een bepaald ingesleten patroon, totdat we op een dag onze fouten inzien en ons gedrag gaan veranderen.

1. *Aan het einde van een opwindende avond beland je in bed met een man, die je pas een paar uur kent. Welke gedachte komt het eerste in je op als je de volgende morgen wakker wordt?*
a) 'Wat was dat een heerlijke nacht!'
b) 'O God, wie is die vent die naast mij ligt?'
c) 'Wat moet ik nu als ontbijt maken?'

2. *Stel je voor dat zich uit deze one-night-stand een min of meer vaste*

relatie heeft ontwikkeld. Na zes weken parkeert hij zijn tandenborstel bij jou in de badkamer en na twee maanden zet hij zijn lievelingsmüsli in jouw keukenkastje. Hoe voelt dat?

a) Overrompelend. Een tikje te snel en wellicht wat overmoedig.
b) Geweldig. Ik blijk voor hem toch meer te zijn dan alleen maar een liefje voor één nacht.
c) Verwarrend. Aan de ene kant ben ik blij, aan de andere kant denk ik: dat had hij toch ook wel even kunnen overleggen...

3. En hoe reageer je als hij je na drie maanden toch echt aan zijn ouders wil voorstellen?

a) Ik word zenuwachtig en vraag hem eerst maar eens wat informatie over zijn familie te geven.
b) Ik ben erg blij en weet het nu zeker: hij neemt onze relatie serieus!
c) Ik voel me er helemaal niet lekker bij, waarschijnlijk denkt hij al aan trouwen...

4. Hoeveel van de volgende uitspraken zijn op jou van toepassing?

☐ Ik doe er alles aan de doelen die ik mijzelf gesteld heb te bereiken.
☐ Ik blijf liever thuis dan mijn tijd te verdoen met slaapverwekkende personen.
☐ Vooral 's avonds heb ik behoefte aan tijd voor mezelf en de mogelijkheid om mezelf terug te trekken.
☐ Ik kan me alleen maar echt ontspannen en bijtanken als ik alleen ben.
☐ Ik doe bijna nooit iets waar ik niet voor de volle honderd procent achtersta.

a) Hoogstens één.
b) Twee tot drie.
c) Vier tot vijf.

5. Maak de volgende zin af: weekendrelaties zijn...

a) ...onbevredigend en alleen acceptabel voor kortere tijd, omdat ze op de lange termijn frustreren.

b) ...prikkelend: ze brengen zwier, afwisseling en passie in een relatie.

c) ...absoluut een test voor de standvastigheid van de liefde: wie zo'n relatie doorstaat, lacht het geluk langdurig toe!

6. *Heb je wel eens langer dan een jaar een relatie met een man gehad?*
a) Nee.
b) Ja.
c) Zelfs met een aantal mannen.

7. *Je bent op een feestje met alleen maar paren. Heb je het naar je zin?*
a) Jawel, als ik zelf ook maar iemand bij me heb.
b) Dat hangt helemaal af van hoe de aanwezigen zich gedragen.
c) Alleen als ik genoeg alcohol kan krijgen, want er is niets vervelender dan alleen maar liefdespaartjes.

8. *Je wilt met een vriendin genieten van een weekje vrouwenvakantie op Ibiza. Een collega die goed bekend is op de Balearen, beveelt je een club aan 'met een geweldige ligging, superservice, lekker eten en veel mogelijkheden om te sporten'. Bovendien is het complex 'uitermate geschikt voor gezinnen met kinderen'. Is deze club een reële optie voor jou?*
a) Vanwege de ongetwijfeld vele kindertjes niet direct in het hoogseizoen, maar anders wel.
b) Waarom niet, het klinkt allemaal heel goed. Als de prijs nu ook nog in orde is...
c) Nee, mijn vriendin en ik zijn daar waarschijnlijk de enige twee die alleen reizen.

9. *Je hebt je lang verheugd op een speciaal concert waar je met je partner naartoe zult gaan. Maar drie dagen voor de grote dag krijgt je geliefde een pijnlijke middenoorontsteking. Wat doe je met het concert?*
a) Ik geef de kaarten aan goede vrienden of collega's.
b) Ik probeer mijn geliefde ertoe over te halen toch mee te gaan en haal bij de apotheek oordopjes voor hem.
c) Ik ga met een bezwaard hart zonder hem, neem eventueel een vriendin mee, maar kom daarna wel direct naar huis.

10. *Welke struikelblokken in een relatie leiden volgens jou het snelst tot een ernstige crisis?*
a) Eentonigheid en intolerantie.
b) Wantrouwen en niet in staat zijn een serieus gesprek met elkaar te voeren.
c) Een gebrek aan bereidheid tot het sluiten van compromissen en te weinig gemeenschappelijke interesses.

11. *Een nieuwe vrouwelijke collega heeft tot nu toe – behalve met jou – nauwelijks contact met de andere medewerkers en hangt iedere koffiepauze en lunch aan jou. Hoe ga je daarmee om?*
a) Ik houd haar op afstand door 's middags ook eens met anderen af te spreken, zonder haar.
b) Het is me te veel. Ik probeer haar voortaan uit de weg te gaan, net zolang tot ze het doorheeft.
c) Begripvol; tenslotte probeert iedereen aansluiting bij de rest te vinden als hij ergens nieuw komt werken. Na verloop van tijd wordt het vanzelf minder.

12. *Cyberseks: kun je je voorstellen dat je met een wildvreemde via internet erotische fantasieën uitwisselt?*
a) Ja, omdat je anoniem meer durft dan in het echte leven.
b) Nee, seksuele fantasieën zijn zeer intiem en gebaseerd op wederzijds vertrouwen!
c Jawel... maar ik denk wel dat het tamelijk frustrerend is, omdat het alleen maar bij fantasie blijft.

13. *Laten we aannemen dat je bij je internetflirt in het net verstrikt geraakt bent en tot over je oren verliefd bent geworden. Hoe zou het verdergaan?*
a) In gedachten zie ik al helemaal voor me hoe onze relatie verder zal gaan en uiteindelijk zal uitmonden in een 'cyberverloving'.
b) Op een gegeven moment zullen we elkaar ook een keer 'off-line' ontmoeten... en elkaar in ware gedaante leren kennen.
c) Geen idee. Hoe kun je nu verliefd worden op iemand die je nog nooit gezien hebt?

14. Je nodigt een paar dames van de aerobic uit bij jouw thuis. Je partner onderhoudt zich opvallend met een aantrekkelijke alleenstaande vrouw. Grijp je in?

a) In eerste instantie niet, want dan zou ik mezelf blootgeven. In het begin doe ik of ik niets merk.

b) Ja. Ik houd namelijk niet van vrouwen die zich opdringen aan mannen die al voorzien zijn.

c) Nee, ik gun hem zijn pleziertje, maar als iedereen naar huis is, zal ik hem wel laten merken hoe ik erover denk.

15. Een vriendin klaagt al maanden over serieuze problemen in haar relatie. Wat adviseer je haar?

a) Ga naar een relatietherapeut en probeer nu eindelijk eens je problemen op te lossen.

b) Zoek een nieuwe partner en steek niet langer al je energie in een hopeloze relatie.

c) Praat eens goed met hem en geef hem een laatste kans zijn leven te beteren... maar blijf wel consequent.

16. Je hebt al een week lang geen avond samen met je partner doorgebracht, omdat hij voortdurend afspraken had. Maak je hem daarover verwijten?

a) Waarom? Ik vind het prima als je elkaar eens een week lang niet ziet.

b) Het hangt ervan af waar hij zo druk mee geweest is. Als hij dringende afspraken had, heb ik daar alle begrip voor.

c) In stilte wel, ja. Ik zou graag precies willen weten wie of wat belangrijker is dan ik.

Testuitslag

	a	b	c	
Vraag 1	3	0	6	punten
Vraag 2	0	6	3	
Vraag 3	3	6	0	
Vraag 4	6	3	0	
Vraag 5	6	0	3	
Vraag 6	0	6	3	
Vraag 7	6	3	0	
Vraag 8	3	6	0	
Vraag 9	6	0	3	
Vraag 10	0	3	6	
Vraag 11	3	0	6	
Vraag 12	0	6	3	
Vraag 13	6	0	3	
Vraag 14	3	6	0	
Vraag 15	6	0	3	
Vraag 16	0	3	6	

0 tot 27 punten
Zodra een relatie te intiem wordt, sla je op de vlucht.
De man die aan jou zijde gelukkig wil worden, moet beschikken over een grote dosis tolerantie. Want in principe heb je genoeg aan jezelf en heb je niemand anders nodig om succesvol door het leven te gaan. Het feit dat je een einzelgänger bent, heeft in jouw ogen voornamelijk voordelen: je hoeft naar jouw mening geen schijnheilige compromissen te sluiten en geen rekening te houden met anderen, als je daar geen zin in hebt. Toch ervaar je soms een gevoel van leegte. Diep vanbinnen verlang je namelijk ook naar iemand die van je houdt en met wie je dingen kunt delen. Maar er staat een stevige muur om je hart. Je gevoelens tonen is heel pijnlijk voor jou. Dan moet je namelijk te veel van jezelf prijsgeven en dat wil je in

geen geval. Je schermt je innerlijke leven af met een dik pantser, dat je waarschijnlijk al vroeg in je jeugd hebt aangebracht. Zijn er gebeurtenissen in je leven geweest die daaraan bijgedragen hebben?

Je wilt graag een relatie, zoekt liefde en geborgenheid, maar wilt absoluut niet afhankelijk zijn van iemand anders. Je gaat weliswaar steeds opnieuw tedere banden aan, maar zodra er sprake is van samenwonen of – erger nog – trouwen en kindjes krijgen, raak je in paniek. Jouw angst voor een al te vaste relatie leidt tot wantrouwen en scepsis tegenover je partner, die je waarschijnlijk steeds op een afstandje hebt gehouden. Daardoor maak je elke vorm van intimiteit en gemeenschappelijkheid onmogelijk. Wanneer je partner jouw uitgesproken vrijheidsdrang niet accepteert en jij je daardoor in het nauw gedreven voelt, sla je op de vlucht.

Maar heb je je wel eens afgevraagd hoe het de ander vergaat? Als jij zo bang bent om jezelf te binden, zou je fair moeten zijn en van het begin af aan duidelijk moeten zijn tegen die ander, die meer voor je betekent dan een vluchtig avontuurtje. Praat over je bindingsangst en het feit dat je problemen hebt met het toelaten van gevoelens en jezelf openstellen voor de ander. Dan weet je partner wat hem te wachten staat; hij hoeft zichzelf geen verwijten te maken of in zijn radeloosheid de conclusie te trekken dat hij niet geschikt is voor de liefde. En hij krijgt de mogelijkheid zich veel meer in jouw behoeften in te leven. Daardoor voorkom je dat je steeds weer uitkomt bij dezelfde problemen waarna je grenzen moet trekken. Het is gemakkelijker jezelf te veranderen dan van de ander te verlangen dat hij dat doet...

30 tot 63 punten
Je kunt heel goed alleen zijn, maar verlangt ook naar iemand die van je houdt en dingen met je deelt.
De man van wie jij houdt, mag zich gelukkig prijzen. Je voldoet aan de belangrijkste vereisten voor een ontspannen en toch diepgaande relatie: je bent sterk in een team, maar staat

ook goed alleen je mannetje. Je beschouwt jezelf en je partner als zelfstandige individuen, die ook heel goed alleen door het leven zouden kunnen gaan, maar toch uit liefde met elkaar hebben gekozen voor een gemeenschappelijke toekomst. Dingen kunnen delen is voor jou een bewuste keuze voor de ander... zonder dat die relatie voor jou nu direct definitief moet zijn. Het vooruitzicht van een langdurige, hechte relatie is voor jou geen probleem. Je bent bereid compromissen te sluiten en de vrijheid van de ander te respecteren. Daar staat tegenover dat je van je partner verwacht dat hij hetzelfde respect voor jou opbrengt. Een relatie waarin jij jezelf beperkt en door de verwachtingen en verlangens van de ander onder druk gezet voelt, is op den duur gedoemd te mislukken. Je weet namelijk heel goed wat je als mens en partner waard bent en je kent je eigen behoeften en grenzen.

Omdat je goed in balans bent en waarschijnlijk nog geen al te grote teleurstellingen ondervonden hebt, stap je onbevangen op anderen af en maak je gemakkelijk contact. Een partner die neigt naar jaloezie, zou deze openheid misschien verkeerd kunnen opvatten. Praat daar dus tijdig over met elkaar. Verder is er weinig wat je in een vaste relatie serieus in de problemen zou kunnen brengen. Je vindt het prima als je geliefde eens een paar dagen zonder jou doorbrengt; aan de andere kant geniet je er ook van als je tijdens een gezamenlijk weekendje zaken met elkaar kunt delen. Je schrikt er niet voor terug als iemand intiem probeert te worden, maar accepteert het ook als jullie tijdelijk niet bij elkaar kunnen zijn. Dat maakt samenleven met jou over het algemeen ongecompliceerd. Natuurlijk heb jij ook zo je angsten en ben je bijvoorbeeld bang je partner misschien ooit eens aan een ander te verliezen. Maar je wordt niet verlamd door dergelijke gedachten; ze motiveren je juist nog meer moeite te doen voor je geliefde. Het vertrouwen dat je in je partner hebt, is altijd groter dan de mogelijke bezwaren. Maar je weet ook dat het leven verdergaat als een relatie stukgaat. Je hebt in het verleden immers al bewezen dat je de kracht hebt je leven in eigen hand te nemen. Eigenlijk staat niets jullie geluk in de weg...

66 tot 96 punten
Houden van betekent loslaten, vertrouwen schenken en weten wie je bent.

Liever alleen dan met z'n tweeën? Voor jou is dat geen vraag. Je wilt in geen geval alleen door het leven gaan. In een gelukkige relatie zie jij de vervulling van je dromen. Waarschijnlijk heb je al een relatie en doe je er alles aan dit geluk te behouden. Je hebt namelijk de neiging je partner te verstikken met je liefde, aandacht en toewijding. Diep vanbinnen voel je angst op een dag in de steek te worden gelaten en er helemaal alleen voor te staan. Om dat te voorkomen blijf je zo dicht mogelijk bij je partner in de buurt en verwaarloos je belangen die niets met je relatie te maken hebben. Waar zijn je eigen wensen en behoeften gebleven? Je leven met de ander delen betekent niet dat je jezelf voor hem moet wegcijferen, maar dat je elkaar aanvult, ieder met zijn eigen sterkten en zwaktes. Verlies je eigen belangen niet uit het oog en geef je partner ook de ruimte. Stel je verwachtingen bij, want alleen dan blijf je interessant voor elkaar en kun je je verder blijven ontwikkelen. Zolang je voortdurend van je partner verlangt dat hij je liefde beantwoordt, jou bevestigt en erkent, zet je niet alleen jezelf onder druk, maar ook hem. Het grootste liefdesgeluk ervaren mensen die zichzelf niet weerspiegeld willen zien in hun partner, maar gewoon van de ander houden... zonder zich af te vragen of die liefde wederkerig is. Liefde zonder angst betekent vertrouwen schenken en kunnen loslaten. Jezelf vol wantrouwen vastklampen aan de ander kan er daarentegen toe leiden dat je partner serieus gaat overwegen bij je weg te gaan.

Om goed te kunnen omgaan met je verlatingsangst, moet je pijnlijke gevoelens niet langer onderdrukken, maar ze duidelijk uitspreken... vooral tegenover je partner. Doordat je twijfels keurig netjes verborgen weet te houden door een zelfverzekerd optreden, heeft niemand ook maar enig idee wat er werkelijk in je omgaat. Tegenover vrienden, bekenden en collega's doe je je namelijk graag zelfbewust en actief voor. Alleen kun je soms het deksel niet op de ketel houden en verraadt jouw knagende jaloezie hoe heftig het er bij jou vanbinnen aan toegaat. Als je bang bent dat iemand jullie band zou kunnen doorbreken, word je heel energiek en strijd je met alle mogelijke middelen om je partner te behouden. Hij laat dat meestal toe, omdat hij jouw gevoelige kanten kent en weet hoe kwetsbaar je je soms voelt. Maar dat is zeker geen garantie voor een onbekommerde gezamenlijke toekomst! Om dat te bereiken moet je iets aan je angsten doen. Voor jezelf erkennen dat je kwetsbaar bent, is een eerste stap in de goede richting!

Beheers je de spelregels van de liefde?

'Hoe minder ik in deze tijd kan geloven..., des te meer geloof ik in de magie van de liefde.' Met deze mooie woorden raakte Herman Hesse veel mensen tot in het diepst van hun ziel – en nog steeds. Maar magie alleen is niet voldoende om op de lange duur een gelukkige relatie te hebben. Een bevredigende relatie is naast intensieve gevoelens voor elkaar ook gebaseerd op respect, redelijkheid en eerlijkheid. De manier waarop je omgaat met problemen, is gebonden aan bepaalde regels die je moet kennen en beheersen. Op een nette manier ruziemaken is bijvoorbeeld niet schadelijk voor een relatie. Maar wanneer is ruzie constructief en wanneer wordt de relatie ermee kapotgemaakt? Hoe oefen je kritiek uit op de ander, zonder hem te verliezen? Kun je het gedrag van je partner veranderen, zonder tegelijkertijd het risico te lopen hem kwijt te raken? Hoe kun je vechten tegen je jaloezie en toch zeker zijn van zijn liefde? En hoe 'werkt' jullie liefde, zonder dat je beslag op hem legt? Onderstaande test geeft inzicht in de vraag hoe je je relatie ontvankelijker kunt maken voor een harmonieus samenspel en je partner beter kunt leren begrijpen, mogelijke strijdpunten tijdig onder ogen kunt zien en conflicten in de toekomst op een constructieve wijze het hoofd kunt bieden.

1. *Het is vrijdagavond. Een bijzonder vermoeiende werkweek ligt achter je. Je verheugt je alleen nog maar op een rustig, gezellig weekend met z'n tweeën. Dan gaat de telefoon. Het is een jeugdvriend van je partner, die hij al jaren niet meer gezien heeft. Hij is uitgerekend dit weekend samen met zijn vrouw 'vlak in de buurt' en wil jullie graag bezoeken. Je partner zegt spontaan dat het goed is. Wat zeg jij als hij heeft opgehangen?*

a) 'Kon je niet een smoes verzinnen? Ik had me zo verheugd op ons weekend samen!'
b) 'Dat is typerend, je denkt weer eens alleen aan jezelf. Op mij hoef je niet te rekenen!'
c) 'Tja, daar gaat ons gezellige weekendje samen... Laten we er maar het beste van maken!'

2. *Veel conflicten ontstaan door gebrek aan kennis over elkaar, onbegrip en bijna onoverbrugbare verschillen. Maak deze zin eens af: 'Mannen en vrouwen...*
a) ...hebben vaak meer gemeen dan je denkt.'
b) ...zijn in wezen heel verschillend. Dat maakt het juist zo spannend.'
c) ...passen nu eenmaal niet bij elkaar!'

3. *Je partner maakt er altijd een puinhoop van. Overal slingert wel iets van hem in het rond... totdat jij het opruimt. Je hebt jezelf voorgenomen dat vanaf nu niet meer te doen, om hem zijn slordigheid af te leren. Nu kondigt zijn moeder ineens aan dat ze op bezoek komt. Ruim je zijn troep bij wijze van hoge uitzondering nog één keer op?*
a) Nee, onder geen beding! Zijn moeder moet maar eens zien wat voor een rotzooikont ze op deze wereld gezet heeft.
b) Ja, voor de laatste keer. Anders krijgt ze niet alleen een slecht beeld van hem, maar ook van mij.
c) Alleen als hij meehelpt. Tenslotte is het zijn moeder en niet de mijne. Ze zou hem vast goed laten merken wat ze ervan vindt!

4. *Welke van de volgende verwijten jaagt jouw partner het snelst bovenop de kast?*
a) 'Je hebt voor iedereen tijd, behalve voor mij!'
b) 'Je zou best eens wat meer je best mogen doen in bed!'
c) 'Alleen als het dingen zijn die je zelf leuk vindt, doe je echt je best!'

5. *Probeert hij je te beduvelen? Je partner krijgt – waar jij bij bent – een geheimzinnig SMS'je, dat hij direct weer wist van zijn mobieltje. Als je*

hem vraagt van wie het is, antwoordt hij: 'Een collega.' Geloof je hem?
a) Waarom niet? Waarschijnlijk is die collega net zo verslaafd aan zijn mobieltje als mijn partner.
b) Waarschijnlijk wel, maar eerst wil ik weten welke collega hem wat zou willen laten weten.
c) Nee. Waarom zou een collega hem een SMS'je sturen in plaats van hem gewoon te bellen?

6. *Zeg eens eerlijk: zou je de jas- of broekzakken van je partner doorzoeken als je hem verdenkt van iets wat niet door de beugel kan?*
a) Alleen als ik daar een gegronde reden voor zou hebben, bijvoorbeeld omdat ik vermoed dat ik er iets zou kunnen vinden.
b) Nee, absoluut niet. Ik zou ook niet willen dat hij mijn spullen zou doorzoeken.
c) Ja, als ik een concrete verdenking zou hebben dat hij mij met een ander bedriegt.

7. *'s Morgens heeft je partner je nog beloofd diezelfde avond met jou naar de bioscoop te gaan. Als hij uit zijn werk komt, voelt hij zich echter 'te moe' om zijn belofte na te komen. Uitgeput laat hij zich op de bank vallen, zet de televisie aan, zapt van het ene kanaal naar het andere... en stuit daarbij 'toevallig' op een belangrijke voetbalwedstrijd, waarin juist de aftrap gegeven wordt. Wat doe je?*
a) Ik ga breeduit voor de televisie staan en zeg tegen mijn partner dat ik me door hem niet voor de gek laat houden!
b) Ik vraag hem of hij wist dat er voetballen was en of hij het feit dat hij te moe was om naar de bioscoop te gaan alleen maar als een smoes gebruikte.
c) Hij krijgt een gele kaart; dat wil zeggen dat ik alleen naar de bioscoop ga... zonder gedag te zeggen!

8. *Je vertelt je partner lichtelijk geamuseerd en niet zonder trots dat een achttienjarige stagiair bij jou op het werk kennelijk tot over zijn oren verliefd is op jou. Hoe denk je dat hij daarop zal reageren?*
a) Hij zal nadrukkelijk doen of het hem niets kan schelen en proberen zo snel mogelijk van onderwerp te veranderen.

b) Hij zal waarschijnlijk een scène maken, maar hij mag best weten dat ik nog zeer begeerlijk ben!
c) Hij zal waarschijnlijk 'terloops' proberen uit te vinden hoe lang de stage nog duurt... en wanneer de stagiair eigenlijk weer weggaat.

9. *Het is gebeurd: je bent vreemdgegaan, het was een eenmalige uitglijder. Je hebt je partner vol berouw je 'misstap' opgebiecht. Eerst ging hij vreselijk uit zijn dak, daarna was hij stil en sinds die dag heeft hij er met geen woord meer over gesproken. Wat betekent zijn gedrag?*
a) Op een gegeven moment zal hij uit zijn vel springen of achter mijn rug om wraak nemen.
b) Ik heb hem diep gekwetst. Hij moet deze vertrouwensbreuk eerst verwerken.
c) Hij heeft het me vergeven. Maar zoiets mag niet nog eens gebeuren.

10. *Tijdens een dineetje met vrienden begint je partner zich ineens te beklagen over het feit dat je altijd te laat bent en dat hij daardoor ook voortdurend te laat is. Wat is je reactie?*
a) Ik trek zijn verwijten in het belachelijke door hem voor te stellen voortaan een stopwatch om mijn nek te hangen.
b) Ik verklap een paar van zijn zwaktes... tenslotte is hij ook niet onfeilbaar.
c) Ik probeer over te gaan op een ander onderwerp, om te voorkomen dat we ruzie krijgen. Later – als we thuis zijn – vertel ik hem onder vier ogen dat dit toch echt niet zo kan.

11. *Hoeveel van de volgende uitspraken zijn van toepassing op jou?*
☐ 'Als ik met mijn partner uitga, houd ik heel nauwkeurig in de gaten of hij naar andere vrouwen kijkt.'
☐ 'Als mijn geliefde een slechte bui heeft, betrek ik dat ook op mijzelf en onze relatie.'
☐ 'Ik loop nog liever het risico dat we ruzie krijgen dan dat ik mijn mening voor me houd en als een klein kind toegeef.'
☐ 'Ik vind het niet zo leuk als mijn partner iets alleen doet.'

☐ 'Hoe heftiger de ruzie met mijn partner, hoe mooier de verzoening daarna.'
a) Hoogstens één.
b) Twee tot drie.
c) Vier tot vijf.

12. *Stel je voor: je partner heeft zijn chef gezegd wat hij van iets vond en iedereen heeft het gehoord. Prompt krijgt hij een berisping. Ben je desondanks trots op hem?*
a) Natuurlijk, hij zal zich nu veel beter voelen!
b) Niet echt. Soms is het beter je mond te houden en je ergernis in te slikken.
c) Ja, hij durfde toch mooi wel. Daarbij is hij overigens wel zijn doel voorbijgeschoten.

13. *Je partner wil een droom verwezenlijken en een avontuurlijke reis van drie weken naar Canada maken. Samen met zijn beste vriend heeft hij al concrete plannen gemaakt, zonder daar vooraf met jou over gesproken te hebben. Hoe reageer je als hij je uiteindelijk voor een voldongen feit stelt?*
a) Ik ben teleurgesteld dat hij mij zo passeert... en dat zeg ik hem ook.
b) Ik dreig voor vier weken naar Jamaica te vertrekken... alleen met mijn beste vriendin.
c) Ik moet het eerst verwerken. Aan de ene kant begrijp ik het wel, maar aan de andere kant voel ik me gekwetst.

14. *Je ouders beginnen in jouw bijzijn heftig te ruziën... om niets. Hoe ga je daarmee om?*
a) Ik speel scheidsrechter en kies – indien nodig – partij.
b) Ik trek me discreet terug en laat het ze mooi alleen uitzoeken.
c) Ik laat mijn ouders vastbesloten weten dat ik ga als ze daar niet direct mee ophouden.

15. *Verandering van image: je partner komt ineens thuis met een nieuw kapsel en een nieuwe outfit, gaat een andere sport doen, koopt een abnormaal dure gezichtscrème en een exclusief herengeurtje. Je voelt je*

totaal *overrompeld door zijn ongewone gedrag. Als je hem daarmee confronteert, ontkent hij en reageert beledigd. Spreek je hem er nog een keer op aan?*

a) Liever niet. Alles duidt erop dat hij in een midlifecrisis terecht is gekomen... dat gaat wel weer over.
b) Ja. Ik vraag hem voorzichtig op een rustig moment of er iets is wat hij me zou willen vertellen.
c) En of! Er is vast een andere vrouw in het spel, voor wie hij nu ineens doet alsof hij een jonge adonis is.

Testuitslag

	a	b	c	
Vraag 1	3	6	0	punten
Vraag 2	0	3	6	
Vraag 3	6	0	3	
Vraag 4	3	6	0	
Vraag 5	0	3	6	
Vraag 6	3	0	6	
Vraag 7	6	3	0	
Vraag 8	0	6	3	
Vraag 9	6	3	0	
Vraag 10	3	6	0	
Vraag 11	0	3	6	
Vraag 12	6	0	3	
Vraag 13	3	6	0	
Vraag 14	6	0	3	
Vraag 15	0	3	6	

0 tot 30 punten
Harmonie tot elke prijs – om ruzie te vermijden voorkom je conflicten.

Je bent ervan overtuigd dat conflicten in een relatie over het algemeen meer kapotmaken dan goed is en dat ruzie in een relatie het beste vermeden kan worden. Daarom slik je liever stilzwijgend alles in wat je stoort aan je partner, verdring je serieuze problemen en houd je je eigen mening voor je... zelfs wanneer je eigenlijk in je recht staat. Met deze defensieve houding kom je je partner waarschijnlijk ook nog tegemoet, want de meeste mannen vinden dat best en gaan zelf ook zoveel mogelijk conflicten uit de weg. Ruzie is inderdaad niet leuk; het vreet zelfs energie en werkt op je zenuwen.

Toch zijn conflicten ook in evenwichtige relaties onvermijdelijk. Wie altijd maar alles slikt, heeft er na verloop van tijd zo genoeg van dat die uit zijn vel springt... of is totaal gefrustreerd. Omdat voor je uitschuiven niet hetzelfde is als oplossen en onopgeloste conflicten op een gegeven moment als een boemerang terugkomen. Je kunt dus beter op tijd praten over mogelijke relatieproblemen. Geen enkele relatie is vrij van wrijving. Jouw uitgesproken behoefte aan harmonie is wel begrijpelijk, maar niet gezond voor jezelf, noch voor je relatie. Ga aan de slag met je verlammende scheidingsangst en vrees iemand te verliezen. Het vermijden van conflicten zal je er niet voor behoeden je partner misschien toch op een bepaald moment aan een ander kwijt te raken. Er bestaat nu eenmaal geen absolute zekerheid in het leven. De beste manier om je relatie stevig te verankeren en je tegen crises te wapenen: leer op de juiste manier ruziemaken! In de middelste categorie (33 tot 63 punten) vind je een aantal concrete manieren! Voordat je deze tactieken gaat oefenen, moet je echter een duidelijk besluit nemen om onenigheid voortaan uit te spreken en niet te negeren. Leer ook eens 'nee' te zeggen en jouw standpunt duidelijk onder woorden te brengen. Een evenwichtige relatie gaat niet kapot door verschil van mening, maar groeit daar juist door. Dan komt ook jouw wensdroom van een harmonieuze relatie binnen handbereik en kun je vol optimisme uitzien naar een gelukkige toekomst samen!

33 tot 63 punten
Op een constructieve wijze ruziemaken kun je leren – train de juiste manieren.

Je bent niet bang voor conflicten, probeert je problemen op te lossen en hebt de moed – wanneer dat nodig is – eens flink ruzie te maken met je partner. Daarmee staat niets een positieve ontwikkeling van je relatie eigenlijk nog in de weg. Het is je in theorie duidelijk hoe je op een constructieve manier ruzie moet maken, maar aan de praktische uitvoering ervan schort er soms nog iets aan. Vooral als het erom gaat de juiste toon te treffen, jullie verschillende meningen op één lijn te brengen en consensus te bereiken. Maar dat kun je nu juist leren! Hieronder staan vijf beproefde manieren om op een constructieve manier ruzie te maken:

1. Verval niet in algemeenheden! Maak duidelijk waar het concreet om gaat, in plaats van steeds weer af te dwalen op allerlei zijsporen. Als je blijft draaien om waar het werkelijk om gaat, loop je namelijk het risico dat je partner in het tegenoffensief gaat, omdat hij geen speelruimte meer heeft. Vermijd dus de woorden 'nooit', 'altijd', 'iedere keer' en 'voortdurend'.

2. Spreek bij een ruzie niet in de derde persoon als je het over jezelf hebt. Gebruik heel bewust de ik-vorm. Vertel het verhaal vanuit je eigen perspectief, welke uitwerking het storende gedrag van je partner op jouw heeft en maak zo goed mogelijk duidelijk wat je gevoelens, wensen en behoeften zijn.

3. Geef geen ongevraagde adviezen! Signaleer dat je bereid bent met belangstelling naar je partner te luisteren, mee te leven als hij problemen heeft en dat je hem werkelijk wilt begrijpen, in plaats van allerlei wijsheden te debiteren die alleen maar de indruk geven dat je het beter weet.

4. Vergelijk je partner niet met anderen! Als je derden ten voorbeeld stelt – om jouw ontevredenheid met betrekking tot een bepaalde situatie tot uitdrukking te brengen of om duidelijk te maken wat jouw wensen zijn – kun je je partner kwetsen en dan verharden de standpunten zich alleen maar. Bij een

aanval bijt hij namelijk van zich af... of hij slaat terug. Vraag je partner daarom of hij zich ook kan voorstellen dat hij op een andere manier met de situatie omgaat. Wijs hem diplomatiek op zijn plicht gezamenlijk naar een oplossing te zoeken.

5. Bied je excuses aan als je hem onterecht beschuldigd hebt! Dat laat zien dat je bereid bent tot een compromis en de problemen wilt oplossen. Als je jezelf verontschuldigt, laat je zien dat je sterk bent en neem je de ander de wind uit de zeilen.

Bij dit alles moet je echter twee dingen duidelijk voor ogen houden.

Allereerst, dat de stabiliteit van een relatie ook afhankelijk is van externe invloeden. Zo kunnen bijvoorbeeld stress op het werk, financiële zorgen of problemen in de familie een relatie – ondanks het feit dat iedereen weet wat de regels bij een ruzie zijn – toch heftig aan het wankelen brengen. Het enige wat daartegen helpt, is proberen deze invloeden niet de overhand te laten krijgen en altijd weer naar de ander toe te gaan.

Ten tweede moet je bedenken dat – ondanks alle strategieën – mannen anders ruziemaken dan vrouwen! Terwijl de meeste vrouwen als gevolg van hun behoefte aan harmonie neigen naar een subtiele manier van ruziemaken óf een ruzie voornamelijk op het emotionele vlak uitvechten, gaan veel mannen een conflict juist uit de weg óf ze gaan direct in de aanval. Dat alles onder het motto: de aanval is de beste verdediging. Let er dus op dat je je partner tijdens een ruzie niet in een hoek drukt, anders kaatst hij de bal gewoon terug.

Een liefdesrelatie is echter geen bokswedstrijd. In een harmonieuze relatie is er geen winnaar en geen verliezer: zodra één van beiden verliest, verliest de relatie.

De belangrijkste spelregel in een gelukkige relatie is dus: de ander als zelfstandige persoonlijkheid respecteren, hem beschouwen als een gelijkwaardige partner en hem als mens in zijn waarde laten... kortom van hem te houden zoals hij is.

66 tot 90 punten
Iedere ruzie laat littekens na – ga op een respectvolle manier om met je partner!

Ruziemaken betekent voor jou dat je elkaar te lijf gaat... en daarbij is elk middel geoorloofd. Het gevolg daarvan is dat de stukken er in jouw relatie dagelijks vanaf vliegen en je liefdesbarometer voortdurend op en neer schommelt. Je relatie is extreem en explosief. Heel enerverend! Je omgeving vraagt zich ongetwijfeld af hoe jullie het überhaupt nog met elkaar uithouden. Tenslotte deinzen jullie er ook niet voor terug conflicten in het bijzijn van anderen uit te vechten. Zelf vinden jullie je relatie ongetwijfeld heel spannend en uniek. Waarschijnlijk geniet je in het geheim van iedere ruzie met je geliefde, omdat de verzoening daarna dienovereenkomstig heftig is. Diep in je hart koester je tedere gevoelens voor je partner, maar naar buiten toe lijken jullie een haat-liefdeverhouding te hebben.

Is het nu werkelijk nodig de vonken er zo vanaf te laten spatten om je relatie levendig te houden? Bedenk dat onoverkomelijke verschillen niet als adrenaline, maar als een gif voor de liefde zijn. Agressie roept een agressieve reactie op, waarbij iedere ruzie aan beide zijden onzichtbare littekens nalaat. Niemand vindt het leuk gekwetst te worden en elk conflict beschadigt ook het wederzijdse vertrouwen. Geen wonder dus dat de grootste strijd in jullie relatie waarschijnlijk maar om één ding draait: jaloezie. Want hevige jaloezie is gebaseerd op een gebrek aan vertrouwen en een gebrek aan gevoel van eigenwaarde. Als je je partner voortdurend controleert, denk je dat je hem bezitten kunt. Maar je kunt je geliefde niet met alle geweld vasthouden of aan je binden. In plaats van regelmatig je verschillen met je partner uit te vechten, zou je moeten leren je problemen op een effectieve manier aan te pakken om op de lange duur tot overeenstemming te komen. Verwoord je gevoelens op de juiste manier en train jezelf op een constructieve manier ruzie te maken. Ga behoedzaam met je partner om, kwets hem niet opzettelijk, luister geïnteresseerd naar wat hij te vertellen heeft en accepteer zijn argumenten. Het doel is jullie conflicten niet voor even, maar op de lange termijn op te lossen, want alleen zo kun je evenwicht in je relatie krijgen... en daarmee een realistisch toekomstperspectief.

Houd je aan de belangrijkste regels in de liefde. Kleineer de ander niet, alleen maar om jezelf beter te laten lijken. Beschouw je geliefde als een gelijkwaardige partner. En wees eerlijk tegenover jezelf! Dat wil zeggen, sluit je ogen niet voor eigen fouten door ze de ander te verwijten. Luister naar je gevoel, maar gebruik negatieve emoties niet als een wapen tegen je partner. Met eerlijkheid, respect en openheid kun je een sfeer scheppen waarin je relatie ook zonder aanhoudende ruzies tot bloei kan komen.

Ben je gelukkig in je relatie?

Kleine crises vind je in iedere relatie. Als je na de eerste onstuimige verliefdheid langzaam weer met beide benen op de grond belandt en de makken van je partner zichtbaar worden, wordt duidelijk of jullie hartstochtelijke verhouding alleen maar een spannende ontmoeting was... of dat er een vaste relatie uit kan ontstaan. Maar zelfs als er sprake is van die ene ware liefde, keert na de jubelstemming aan het begin onvermijdelijk de sleur van alledag terug en ontstaan de eerste barsten. Zelfs al is een relatie nog zo gelukkig, op een gegeven moment ontstaan er toch ruzies. Omdat mensen individuen zijn met een eigen wil, eigen belangen en interesses en een eigen persoonlijkheid. Dat betekent dat je moet proberen door de muur heen te breken, compromissen te sluiten en rekening te houden met de behoeften van de ander, zonder je eigen wensen daarbij uit het oog te verliezen.

Onderstaande test kan je helpen de meest voorkomende hindernissen op je weg naar een succesvolle relatie te slechten. Met behulp van de vragen kun je uitvinden of je een levendige en goede relatie hebt, of je het geluk-voor-twee – ook op de langere termijn – toch nog een handje moet helpen, of dat er in jullie relatie serieus iets moet veranderen...

1. *Je hebt een heftige ruzie met je partner. Hij volhardt koppig in zijn mening... en verwijt je uiteindelijk dat jij 'zo halsstarrig bent'. Hoe gaat het verder?*
   a) Ik breek de discussie af, het heeft zo toch geen zin verder te gaan.
   b) Ik plof uit elkaar. Uitgerekend hij verwijt mij dat ik koppig ben...

Liefde en relatie

c) Ik haal diep adem en denk nog eens na over zijn argumenten... en de mijne.

2. *Wat waardeer je het meest in je partner?*
a) Dat hij me altijd aan het lachen maakt.
b) Dat ik in geval van nood altijd op hem kan rekenen.
c) Dat hij mij beter kent dan wie dan ook.

3. *Hoe behandelt je partner jou in een gesprek met derden?*
a) Meestal laat hij mij praten en geeft hij af en toe commentaar.
b) Hij is verbaal heel sterk en valt me soms in de rede, als ik niet snel genoeg ben.
c) Hij accepteert mij als gelijkwaardig en betrekt mij in de discussie.

4. *En hoe spreekt hij over (!) jou?*
a) Hij maakt ook wel eens een grap ten koste van mij.
b) Hij zou me nooit voor schut zetten tegenover derden.
c) Hangt ervan af waar het gesprek over gaat.

5. *Hoe is jouw relatie met zijn ouders?*
a) Een relatie kun je het eigenlijk nauwelijks noemen... we hebben haast geen contact met elkaar/we gaan elkaar liever uit de weg.
b) Ik respecteer hen omdat het zijn familie is... met al hun lieve en hinderlijke trekjes.
c) Hartelijk, we zien elkaar vaak en graag.

6. *Op welke manier wisselen jullie tedere gevoelens uit?*
a) We omhelzen elkaar vaak spontaan.
b) We geven elkaar regelmatig kusjes en zeggen lieve dingen tegen elkaar.
c) Onze uitwisseling van tedere gevoelens eindigt meestal in bed.

7. *Zeg eens eerlijk: is de seks tussen jullie beiden nog net zo goed als aan het begin van jullie relatie?*
a) Veel beter; we weten nu precies van elkaar wat de ander lekker vindt.
b) De spontaniteit heeft plaatsgemaakt voor bepaalde rituelen.
c) Niet meer zo wild als in het begin, maar toch nog heel goed.

8. *Op welke manier geniet je van seks, begeerte en hartstocht?*
a) Door me te laten gaan en alles om me heen te vergeten.
b) Door me helemaal op mezelf en mijn partner te concentreren.
c) Door mijn fantasieën uit te leven en nieuwe spelletjes te bedenken.

9. *Hoe zou je reageren als je partner jou een slippertje zou toestaan?*
a) Ik zou direct een einde maken aan onze relatie!
b) Hangt af van de omstandigheden... eventueel zou ik bereid zijn het door de vingers te zien.
c) In een goede relatie zou zo'n vraag nooit spelen.

10. *Denk je wel eens na over de vraag of je iets nieuws in je leven zou willen beginnen?*
a) Ik zou graag iets aan mijn leven veranderen, maar helaas heb ik daar niet de kracht en het uithoudingsvermogen voor.
b) Af en toe denk ik wel eens dat ik graag iets opwindends of creatiefs zou willen doen.
c) Ongeveer één keer in de maand neem ik mij voor een grote verandering door te voeren, die dan meestal beperkt blijft tot iets kleins... zoals een bezoekje aan de kapper.

11. *Heb je genoeg tijd voor jezelf binnen je relatie?*
a) Jawel... het kan mijn partner niet zoveel schelen wat ik in mijn vrije tijd doe.
b) We hebben genoeg aan elkaar en dat is het belangrijkste.

c) Ja, ik heb bijvoorbeeld regelmatig een afspraakje met vrienden.

12. *Hoe goed kun je met je partner over problemen praten?*
a) We hebben in dat opzicht dezelfde instelling: problemen zijn er om te worden opgelost.
b) Als wij proberen onze problemen op te lossen, eindigt dat meestal in ruzie of wordt het een gebed zonder end, omdat we steeds op dezelfde onderwerpen terugkomen.
c) 'Laten we het daar maar een andere keer over hebben...' is zijn standaardantwoord op problemen.

13. *Waren of zijn er in jullie relatie concrete situaties waarin je hebt nagedacht of nadenkt over een scheiding?*
a) Ja, in het begin van onze relatie.
b) Ik heb wel vaker zulke gedachten, als ik echt boos ben.
c) Nee, voor zover ik me kan herinneren niet.

14. *Hoe ver reiken jullie gezamenlijke toekomstplannen?*
a) Met deze man kan ik me van alles voorstellen, zelfs dat ik oud met hem word.
b) We plannen nooit zover vooruit maar laten liever alles op ons afkomen.
c) Niets is voor eeuwig... als we een paar goede jaren hebben, is dat al heel wat waard.

15. *Heb je in de loop van jullie relatie wel eens (heimelijk) een slippertje gehad?*
a) Ja, een kort en opwindend avontuurtje, dat een hele tijd voor grote onrust binnen mijn relatie heeft gezorgd.
b) Nee, dat zou ik mijn partner nooit aandoen.
c) Nee... maar je weet nooit of zo'n situatie zich in de toekomst niet een keer zou kunnen voordoen.

16. *Waaraan merk je dat je partner nog steeds zielsveel van je houdt?*
a) Zijn jaloerse blikken als een andere man belangstelling voor mij heeft.

b) Als hij mij onder werktijd belt om even gedag te zeggen.

c) Cadeautjes, complimentjes en liefdesbriefjes.

17. *Heeft je partner bepaalde eigenaardigheden waar je je altijd al aan gestoord hebt?*

a) Eigenlijk alleen maar een paar kleinigheden, bijvoorbeeld dat hij nooit iets opruimt.

b) Mijn partner heeft geen makken waar ik niet mee zou kunnen leven.

c) Er zijn een paar dingen die mij vroeger eerlijk gezegd niet zo opgevallen zijn.

18. *Je hebt heerlijk gekookt en de tafel mooi gedekt... maar je partner weigert de televisie uit te zetten, omdat er net een spannende film is begonnen. Wat doe je?*

a) Ik wind me niet op, dat zou trouwens toch niets helpen. Ik begin demonstratief te eten... zonder hem.

b) Ik vertel hem dat ik me onze maaltijd anders voorgesteld had en me erger aan zijn gedrag.

c) Ik ben flexibel en eet samen met hem voor de televisie.

Testuitslag

	a	b	c
Vraag 1	3	0	6 punten
Vraag 2	6	3	0
Vraag 3	3	0	6
Vraag 4	0	6	3
Vraag 5	0	3	6
Vraag 6	6	3	0
Vraag 7	6	0	3
Vraag 8	3	0	6
Vraag 9	0	3	6
Vraag 10	0	6	3
Vraag 11	0	6	3
Vraag 12	6	3	0
Vraag 13	3	0	6
Vraag 14	6	0	3
Vraag 15	0	6	3
Vraag 16	0	3	6
Vraag 17	3	6	0
Vraag 18	0	3	6

0 tot 36 punten
Geef jullie relatie een nieuwe impuls!

Geloof je nu echt dat een bevredigende relatie puur een kwestie van geluk is? Toegegeven, het zou wel gemakkelijk zijn: je hoeft niets te doen, omdat je toch geen invloed hebt op het al dan niet slagen van een relatie. Maar helaas, zo eenvoudig ligt het niet. Integendeel, wie een levendige en gelukkige relatie wil hebben, zal in beweging moeten blijven. Met andere woorden: je zult je best moeten doen om met de ander in gesprek te blijven en je zult de gemeenschappelijke situatie nog eens moeten nabeschouwen, wil je elkaar niet uit het oog verliezen. Zijn jij en je partner daar de laatste tijd niet een beetje te nonchalant mee omgegaan? Of vond je het altijd al vermoeiend om over jullie problemen te praten, dingen te veranderen en echt rekening te houden met je geliefde?

Als je de vorenstaande vragen oprecht beantwoord hebt, staat één ding in elk geval vast: er moet iets gebeuren in jullie relatie! Kom in beweging en probeer de bekende patronen te doorbreken. Zelfs kleine veranderingen kunnen al heel wat teweegbrengen. Als zich weer eens zo'n (gespannen) situatie voordoet, moet je daar bewust op reageren en een vriendelijker toon bezigen. Ga de moeilijkheden niet langer uit de weg, maar probeer ze op te lossen. Wanneer heb je je partner voor het laatst gevraagd hoe het met hem gaat? Zonder een solide basis voor een goed gesprek houdt geen enkele relatie stand. Het kan zijn dat je door de stress, sleur en routine in de relatieval getrapt bent. Het sleutelwoord is: afwisseling! Niet alleen in bed. Als je je partner eens serieus complimenteert, een aardige verrassing voor hem hebt of duidelijk belangstelling voor hem toont, krijg je weer beweging in je relatie.

Heb je er last van dat je dagen er altijd min of meer hetzelfde uitzien? Ga dan eens een gesprek aan over herverdeling van de taken. Verwissel – zoveel mogelijk – van rol als je jezelf niet meer gelukkig voelt in je oude. Het hoeft niet altijd dezelfde te zijn die de inkopen doet, die het belastingformulier invult of kookt. Probeer samen (!) eens een nieuw recept uit. Maar neem vooral bewust tijd voor elkaar. Laat de televisie uit en ga in plaats daarvan lekker een eindje met elkaar wandelen... dan zijn veel dingen vaak gemakkelijker bespreekbaar. En wat te denken van een heerlijke kop thee of koffie op bed, op zondagmorgen? Eenvoudige dingen als deze brengen weer een beetje zonneschijn in het leven van alledag. Probeer werkelijk te zien waar je geliefde behoefte aan heeft, raak hem bewust weer eens een keer teder aan... kleine gebaren zeggen nu eenmaal veel meer dan woorden.

Maar als je dat allemaal al achter de rug hebt en je relatie al een aantal keren van de ondergang gered hebt, en desondanks nog steeds ongelukkig bent in je relatie? Dan helpt maar één ding: professionele hulp van buiten – bijvoorbeeld in de vorm van relatietherapie – of consequent zijn, er een streep onder zetten en ieder je eigen weg gaan. Want beter ten halve gekeerd dan ten hele gedwaald...

39 tot 75 punten
Ook als bij jullie alles van een leien dakje gaat: word niet te gemakkelijk.

Het gaat zowel bij de liefde als bij ruzies om grote gevoelens. Beide vormen het bewijs dat het ene het andere niet hoeft uit te sluiten. Je bent heel goed op weg naar een eerlijke en bevredigende relatie. Een waar huzarenstukje in een tijd waarin we vaak vergeten dat we het met elkaar moeten maken. Vaak staan onze eigen behoeften te veel op de voorgrond. Is een intensieve en langdurige liefdesrelatie een van de laatste grote 'avonturen' van deze tijd? Het is in ieder geval een van de grootste uitdagingen. Er is moed voor nodig, bereidheid tot onderhandelen en doorzettingsvermogen. Dat betekent aan de ene kant niet gelijk willen afhaken zodra de relatie barsten vertoont... en aan de andere kant niet te gemakkelijk worden als alles goed lijkt te lopen. Probeer datgene wat je bereikt hebt niet als vanzelfsprekend te beschouwen. Om een relatie in stand te houden, moet er voortdurend aan gewerkt worden. Daarbij moeten problemen niet als een hindernis, maar als een uitdaging worden gezien.

Denk overigens niet dat je alle kanten van je partner al kent! Wist je bijvoorbeeld dat één op de drie mannen het niet aandurft met zijn partner over zijn seksuele verlangens te praten? En had je ooit gedacht dat één op de drie vrouwen haar partner graag eens zou willen zeggen dat hij in bed wel een beetje meer tederheid mag laten zien? Dat bleek uit een enquête van een onderzoeksbureau naar de geheimen die mensen binnen een relatie voor elkaar hebben.

Als je er goed over nadenkt, is het resultaat van de enquête helemaal niet zo vreemd. We doen toch allemaal goed ons best zo open en eerlijk mogelijk met elkaar over onze diepste geheimen te praten? Maar zelfs tegenover onze partner lijkt iets misschien heel pijnlijk wat in wezen heel gewoon is. Een goede relatie kan gelukkig wel een flinke stoot verdragen... behalve leugens. Absolute eerlijkheid betekent echter nog niet dat je alles over de ander moet weten. Geheimpjes zorgen vaak voor spanning en een kriebelig gevoel. Dagelijks aan je relatie werken, of het nu gaat om toenadering tot je partner of juist afstand bewaren, vertrouwd met elkaar zijn of je eigen privé-sfeer beschermen: het kost de meeste mensen veel moeite... jou ook. Als je partner om een stuk vrijheid vraagt, voel je je verwaarloosd en gekrenkt, maar als hij te dicht bij je komt, voel je je beperkt en niet vrij. Juist het evenwicht tussen jouw behoeften en die van je partner is de grootste uitdaging in jullie relatie. Streef naar evenwicht, maar blijf bij jezelf. Het doel is je grenzen veilig te stellen en je tegelijkertijd steeds weer rekenschap te geven van de ander, hem als individu te respecteren en desondanks dat niet uit het oog te verliezen. Praat eens met hem over alledaagse dingen. Weet je bijvoorbeeld wat voor werk je geliefde nu eigenlijk precies doet? Wat hem bezighoudt, stimuleert, of waar hij juist verdrietig van wordt? Probeer eens zijn zorgen en dromen met hem te delen en zijn wereld te begrijpen. Dan is er vast en zeker nog wel het een en ander te ontdekken...

78 tot 108 punten
Het lijkt of je een perfecte relatie hebt – bijna te mooi om waar te zijn. Of je hebt inderdaad een absolute droomrelatie... of je houdt jezelf voor de gek. Als we de testuitslag mogen geloven, vervelen jullie je nooit bij elkaar. Jullie respecteren elkaar als gelijkwaardige partners, kunnen over alles met elkaar praten, doen als vanzelfsprekend alles samen, zijn absoluut trouw aan elkaar en hebben heerlijke seks. Geweldig! Bijna te mooi om waar te zijn. Is je partner echt zo perfect: gefeliciteerd! Geniet van je droomrelatie... en lees vanaf hier niet verder...

...Je wilt toch iets meer weten? Of zou het kunnen zijn dat je ondanks alle – kennelijke – harmonie stiekem toch twijfels hebt. Misschien vind je jullie relatie wel verdacht perfect? En misschien voldoet jullie grote geluk helemaal niet aan de realiteit, maar alleen aan jouw eigen wensbeeld? In dat geval kan het geen kwaad eens over de volgende vragen na te denken. Weet je heel zeker dat je partner dezelfde dromen ten aanzien van jullie geluk heeft als jij? Of zou het kunnen zijn dat je geliefde soms wat meer vrijheid en ruimte zou willen hebben? En wanneer heb je voor het laatst echt tijd voor jezelf of goede vrienden genomen? Iedere relatie is gebaat bij evenwicht. Als je als paar altijd maar alles samen doet, loop je het risico jezelf te verliezen en alleen nog maar een team te zijn. Een evenwichtige relatie is niet een homogeen geheel, maar een constellatie van eigen meningen en opvatting van twee zelfstandige individuen.

Dat betekent ook dat je geen angst hoeft te hebben voor ruzies! Ruziemaken betekent dat je geïnteresseerd bent in elkaar. Het laat zien dat de ander belangrijk voor je is en dat er veel aan gelegen is werkelijk begrepen te worden door je gesprekspartner. Controversiële standpunten hoeven geen gevaar te zijn voor een relatie. Integendeel, ze zorgen er juist voor dat er weer pit in komt! Bovendien hebben de meeste mannen graag een partner die niet alleen maar 'ja' zegt. Blijf trouw aan je eigen persoonlijkheid en interesses en onderhoud ook andere relaties dan alleen die met je partner. Je wilt per slot van rekening niet het contact met de buitenwereld verliezen en jezelf isoleren. Als je jezelf te veel aan je partner aanpast en alle schepen achter je verbrandt, loop je niet alleen het risico te vereenzamen, maar op een gegeven moment ook niet meer interessant te zijn voor je partner. En dat is wel het laatste wat je wilt, of niet soms?

Welke man geeft je een kick –
en wie past er eigenlijk echt goed bij jou?

Je bent tot nu toe altijd op de verkeerde gevallen, hoewel je steeds dacht dat je deze keer de ware aan de haak geslagen had? Verzamel je meestal mannen om je heen die je wel mag, maar waar altijd nog net dat ene aan ontbreekt? En weet je gewoon niet waarom je anders zo goede mensenkennis je uitgerekend bij het zoeken naar een partner in de steek laat? Je bent niet de enige die zich dat afvraagt en iedere keer weer zijn neus stoot als het om de liefde gaat. De volgende test kan je natuurlijk niet altijd voor mogelijke rampen in de liefde behoeden, laat staan dat hij je kan garanderen wat de juiste weg is naar de prins op het witte paard. Maar hij kan je misschien wel enige hulp bieden bij de besluitvorming, weer voldoende vertrouwen geven voor een nieuwe zoektocht en een beter gevoel geven voor welk type man je hart op hol slaat… één die dan ook echt goed bij je past. Als je wel al onder de pannen bent, geeft deze test je misschien de bevestiging dat je de juiste al gevonden hebt en dat – theoretisch gezien – niets het geluk met je partner nog in de weg staat.

1. Hoe denk je over mannen in het algemeen?
a) Mannen zijn je vriend en geliefde tegelijk… en bovendien net grote kinderen.
b) Mannen zijn ook maar mensen… ook al lijken ze soms net buitenaardse wezens.
c) Mannen mogen nog altijd het zogenaamde sterke geslacht zijn, dat maakt hen ook aantrekkelijk.

2. Eindelijk was het dan zover: jullie hebben voor de eerste keer met elkaar gevreeën en het was echt lekker. Wat zeg je na afloop tegen hem?

a) Dat ik denk dat ik verliefd ben, want zo lekker is het in lange tijd niet geweest.
b) Dat het geweldig was... en we het nog wel een keertje kunnen overdoen.
c) Niets. Ik streel hem, zwijg en geniet.

3. Hij is goed op gang en helemaal in de greep van de hartstocht. Midden in jullie erotische liefdesspel vraagt hij jou hem aan het bed vast te binden. Jij wilt geen spelbreker zijn. Wat zeg je tegen hem?
a) 'Met alle plezier, schat! Ik zal je eens wat laten zien!'
b) 'Ik vind het eigenlijk niet zo geweldig, maar als jij het graag wilt... Hoe wil je dat ik het doe?'
c) 'Oké, maar daarna keren we de rollen om!'

4. Door welk compliment van een man voel jij je het meest gevleid?
a) 'Je bent echt geweldig. Als ik bij jou ben, ben ik absoluut in topvorm!'
b) 'Geweldig. Jij weet altijd precies wat ik graag wil...'
c) 'Met jou is het nooit saai; ik sta iedere keer weer paf!'

5. Lees de volgende zinnen en kruis spontaan (zonder er lang over na te denken!) alle uitspraken aan die op jou van toepassing zijn.
○ Ik houd niet van mensen die altijd maar lopen te klagen.
◇ Als ik eenmaal goed op gang ben, ben ik niet meer te remmen.
□ Ik denk dat ieder mens veranderen kan – als hij maar wil.
○ Ik zou mezelf nooit veranderen omwille van een man.
◇ Mensen zeggen van mij dat ik een echt showtalent ben.
□ Ik probeer me vaak voor te stellen wat ik met 1 miljoen euro zou doen.
◇ Ik heb er geen problemen mee mijn gevoelens te tonen.
○ Ik heb het in mijn leven en mijn werk helemaal voor elkaar.
□ Er is voor mij meer in het leven dan alleen carrière maken.
○ Uiteindelijk is ieder mens verantwoordelijk voor zichzelf.
□ Soms droom ik van een moderne prins op het witte paard.

◇ Ik houd van verrassingen, maar vind het daarna al snel niet leuk meer.

○ Andere mensen vragen mij vaak om raad.

◇ Ik besteed niet al te veel tijd aan de toekomst, het heden is wat telt.

□ Ik zou anderen nooit pijn kunnen doen of hun gevoelens kunnen kwetsen.

◇ Het komt altijd hard aan als iemand kritiek op mij heeft.

○ Ook mijn partner moet mij in zekere zin vrij laten.

□ Ik denk dat ik mij goed in anderen kan verplaatsen.

◇ Ik ga ruzies zelden uit de weg.

○ Ik haat het als iemand mij te dicht op de huid zit.

□ Er zijn vrouwen die zichzelf belangrijk vinden – ik niet!

◇ Mijn motto is: ik houd wel van een beetje chaos en doe niet zo moeilijk.

○ Ik kan eigenlijk best goed alleen zijn.

□ Ik vind het heerlijk mij op te tutten voor de man van mijn dromen.

◇ Als ik eenmaal ergens van overtuigd ben, ga ik er helemaal voor.

□ Seks zonder gevoel is niets voor mij, ik houd van romantiek.

○ Ik denk dat ik rustig en bedachtzaam overkom.

◇ Ik zeg liever wat ik denk, dan te gaan zitten mokken.

○ Niemand is perfect... maar toch vind ik het moeilijk om over mezelf te lachen.

□ Ik ben ervan overtuigd dat veel dingen in het leven zich vanzelf regelen.

Kijk bij welk symbool je de meeste kruisjes hebt gezet. Heb je bij twee of drie symbolen evenveel kruisjes, dan moet je kiezen naar welke antwoorden van zo'n symbool je het meeste neigt...

6. Welke eigenschappen waardeer je het meest in een man?
a) Dat hij precies weet wat hij wil en ook zegt hoe we het gaan doen.

b) Dat hij humor heeft en ook in is voor dingen die spontaan ontstaan.
c) Dat hij met mij over alles kan en wil praten en mijn mening respecteert.

7. *En wat kun je absoluut niet van een man verdragen?*
a) Als hij altijd maar gelijk wil hebben, maar onaangename beslissingen liever aan anderen overlaat.
b) Als hij zich gedraagt als een zielig kasplantje: bij het minste of geringste pijntje gaat hij bijna dood en hij is zeer beledigd als hij kritiek krijgt.
c) Als hij gemakzuchtig is en voortdurend aangespoord moet worden om iets te doen.

8. *Op welke manier drijf jij je zin door bij een man?*
a) Ik zeg niets meer of laat mijn tranen de vrije loop – dat werkt altijd.
b) Ik gooi al mijn charmes in de strijd; als dat niet werkt, kom ik luidruchtig in het geweer.
c) Ik bepaal een strategie voor mezelf, waarmee ik hem met de juiste argumenten probeer te overtuigen.

9. *Jullie gezamenlijke vakantie was al gepland en geboekt. Maar een week voor vertrek moet je partner plotseling verstek laten gaan: hij kan niet weg vanwege zijn werk. Wat doe je?*
a) Ik probeer de vakantie om te boeken of een vriendin mee te nemen.
b) Ik zeg de reis af en zorg ervoor dat ik met het geld dat overblijft een paar leuke dagen thuis heb.
c) Ik ga alleen en heb toch plezier – soms gaan de dingen nu eenmaal niet zoals je ze gepland had.

10. *Welke van de volgende filmhelden vind je heel aantrekkelijk of zou je graag naast je op de rand van het bed hebben zitten?*
a) Robert de Niro / Harrison Ford / Bruce Willis
b) Richard Gere / George Clooney / Pierce Brosnan
c) Brad Pitt / Leonardo DiCaprio / Robert Redford

Testuitslag
Vraag 5. Bij welk symbool heb je de meeste kruisjes staan: ◇ = a, ○ = b en □ = c

	a	b	c	
Vraag 1	0	3	6	punten
Vraag 2	6	3	0	
Vraag 3	3	6	0	
Vraag 4	0	6	3	
Vraag 5	3	0	6	
Vraag 6	6	3	0	
Vraag 7	0	6	3	
Vraag 8	6	3	0	
Vraag 9	0	6	3	
Vraag 10	0	3	6	

0 tot 18 punten
Je hebt alles in je leven onder controle, alleen... hoe staat het met de liefde?

Je bent de vrouw waar bijna iedere man van droomt: recht-doorzee, zelfbewust, zelfstandig en toch gevoelig en vrouwe-lijk. Je kunt goed naar anderen luisteren en voelt de ander aan, zonder je eigen mening te verloochenen of je eigen belangen uit het oog te verliezen. Voor je partner ben je een rots in de branding in een hectische wereld die uitsluitend gericht is op succes. Je lijkt alles in het leven onder controle te hebben, maar ook nog genoeg vrouw te zijn, gevoelens te tonen en toe te kunnen geven als je fouten hebt gemaakt. Daarmee ben je voor veel mannen het zinnebeeld van de moderne vrouw: een amazone van de nieuwe tijd, sterk, aantrekkelijk, soeverein en begerenswaardig. Je bent interessant en neemt als het nodig is zelf het initiatief.

Er is maar één probleem. Mannen die vallen voor de

kracht die jij uitstraalt, zijn zelf vaak zwak van karakter. Actieve types die zelf ook succes hebben, zijn niet minder gefascineerd door jou, maar voelen – doordat je zo zelfverzekerd overkomt – heel goed aan dat ze in een relatie met jou uiteindelijk aan het kortste eind zullen trekken. En dat vinden veel intelligente mannen een afschrikwekkend vooruitzicht.

Daarmee blijven voor jou vooral de stuntelige hartenbrekers over. Andere vrouwen benijden je om die eigenschap, maar na verloop van tijd gaat dit soort mannen toch behoorlijk op je zenuwen werken. Je voelt je door hen al snel leeggezogen en gebruikt. De mannen die steeds aan je voeten liggen, zoeken een vrouw die hen pusht, bij tijd en wijle weer overeind helpt en hen als een moeder bij het handje neemt. Zelf wens je echter – stiekem – ook een krachtige arm waar je, als het nodig is, op kunt leunen, een man die de teugels stevig in de hand neemt. Bovendien heb jij ook wel eens behoefte aan een schouder waar je op kunt uithuilen.

Soms heb je er gewoon genoeg van altijd maar de sterkste te moeten zijn en in je familie, het leven van alledag en/of je werk je vrouwtje te staan. Jij hebt ook je zwakke kanten... en die wil je nu eindelijk ook wel eens uitleven!

Deze discrepantie – tussen hoe je op de buitenwereld overkomt en wat je diep vanbinnen voelt – kun je alleen maar opheffen door anderen ook je zwakke kanten te tonen. Alleen maar luid te jammeren over dingen die fout gaan of met geloken ogen je tranen de vrije loop laten, is niet voldoende. Het wordt tijd dat je nu eens echt je ware gevoelens toont en het kunt toegeven als je het overzicht kwijt bent. En je moet vooral de man van je dromen het gevoel geven dat hij ook eens de sterkste is. Laat hem af en toe eens belangrijke beslissingen nemen, jou weer overeind helpen of een steuntje in de rug geven. Wellicht komt je partner, die tot dan toe niet voldoende uitgedaagd is, dan wél tot bloei en ontwikkelt hij zijn tot dan toe onvermoede sterke kanten...

Je kent vast wel het gezegde 'achter iedere sterke man staat een sterke vrouw'. Maar geloof je echt dat een man zich sterk kan voelen als zijn vrouw steeds het heft in handen neemt en hij naar buiten toe een zwakkeling lijkt? Slimme vrouwen zetten uiteindelijk door wat ze zelf graag willen, maar geven hun man het gevoel dat híj de beslissing heeft genomen. Op die manier kun je het hart van de man van je dromen veroveren... als je dat niet al veroverd hebt: duurzaam geluk met de man die je gelijke is, je altijd rugdekking geeft en die je echt verdiend hebt! Denk daar maar eens over na.

21 tot 39 punten
Geen man neemt op den duur genoegen met de rol van jouw bewonderaar.

Wauw! Je schijnt absoluut een sterke vrouw te zijn, een wervelwind die alles in zijn spoor meesleept... ook de mannen. Die zijn zo in verwarring, gefascineerd en uit het veld geslagen als ze bij jou in de buurt zijn, dat ze pas weer bij hun positieven komen als ze door jou allang afgeserveerd zijn. Als een orkaan richt je verwoestingen aan in de harten van mannen, laat je je emoties de vrije loop... en wals je over de gevoelens van je partner heen. In de liefde en het leven moet per slot van rekening alles om jou draaien – vind jij – en je doet er alles aan om in het middelpunt van de belangstelling te staan. Je houdt van avontuur en afwisseling. Een partner waarmee je een langdurige relatie hebt, is voor jou eerder een belemmering, hoewel je soms ook wel verlangt naar de zekerheid en bescherming die een vaste relatie biedt.

Door jouw enthousiaste optreden trek je vooral mannen aan die ook graag groots en meeslepend leven. Deze mannetjesputters worden prompt verliefd op jou, omdat ze stiekem hopen dat iets van jouw charisma ook op hen zal afstralen. Maar op een gegeven moment stellen ze vast dat jij de show steelt en ze zelf meer en meer aan de zijlijn komen te staan. Dat leidt gegarandeerd tot ruzie en het einde van jullie oppervlakkige relatie komt in zicht. Maar voordat een man jou verlaat, zet je er liever snel zelf een streep onder. Zo is het waarschijnlijk tot nu toe meestal gegaan met je relaties.

Het kan ook zijn dat je inmiddels iets geleerd hebt van je

verbroken relaties. Wellicht heb je vastgesteld dat geen enkele man op den duur tevreden is met de rol van jouw bewonderaar of degene die jou napraat. Dat jouw ongecontroleerde uitbarstingen van emoties het samenleven voor hem nou niet bepaald eenvoudig maken. En misschien heb je inmiddels ook begrepen dat zelfs jouw partner af en toe bevestigd wil worden en een beetje liefde en aandacht wil krijgen. Dan bestaat er nog een kans op een duurzame, diepgaande en veelzijdige relatie in plaats van steeds wisselende relaties! Maar daar moet je wel iets voor doen...

Als je echt afscheid wilt nemen van een leven dat tot nu toe aan elkaar hing van affaires en als je op zoek wilt gaan naar het duurzame geluk van een standvastige verbintenis die van twee kanten komt, dan kun je beter niet op zoek gaan naar mannen die zelf de show willen stelen en die je op de een of andere manier steeds aan jezelf herinneren. Probeer het eens met een rustige, serieuze man, ook al lijkt die op het eerste gezicht niet zo geweldig. Misschien is deze man op de lange duur veel spannender en verrassender...

Deze man is misschien wél in staat jou te geven waar je diep in je hart naar verlangt: liefde en geborgenheid. Maar onvoorwaardelijke liefde mag je nu ook weer niet direct verwachten. Daar moet je namelijk iets voor doen...

42 tot 60 punten
Je bent op zoek naar een schouder om op te leunen, maar heb je die wel echt nodig?

Psychologen hebben ontdekt dat veel vrouwen bij de keuze van een partner ook heden ten dage nog altijd letten op basale eigenschappen. Dat betekent dat ze de man van hun dromen – bewust of onbewust – uitkiezen op grond van het feit of hij in materieel opzicht voor hen kan zorgen en de vader van hun kinderen zou kunnen zijn. Of je het nu wilt of niet: deze gedachten zijn – volgens de uitkomsten van de test – ook diep in jouw verankerd. Daarom neig je bij jouw zoektocht naar een man op wie je kunt vertrouwen, die zijn mannetje staat en ook nog een mannelijke uitstraling heeft. Door typisch vrouwelijk gedrag – gevoelig zijn, kwetsbaar en soms zelfs breekbaar – prikkel je het instinct van de man om jou te beschermen en trek je inderdaad mannen aan die te lijken voldoen aan jouw criteria.

En omdat je niet alleen heel gevoelig bent en een uitstekend oog hebt voor de behoeften van de ander, maar ook nog – als het moet – je eigen belangen op het tweede plan stelt en je passief en terughoudend gedraagt, trek je de belangstelling van uitgesproken dominante mannen. Helaas, want dit soort mannen heeft de neiging vrouwen onder de duim te houden. Maar doordat je ook laat zien bereid te zijn jezelf op te offeren, geef je hem de indruk dat je je vrijwillig aan hem onderwerpt. Het zou de moeite waard kunnen zijn eens serieus na te denken over de vraag waar die houding van jou vandaan komt. Vaak zoeken we relatiestructuren die we kennen uit het verleden en dan herhalen we die... ook al worden we er niet gelukkig door.

Er zijn momenten waarop je je bewust bent van je eigen zwaktes en in opstand komt tegen de situatie waarin je verkeert. Dan droom je van een betere, mooiere wereld, waarin je eindelijk de prins op het witte paard vindt: een zachtaardige, tedere en romantische man, die net zo gevoelig is en net zo'n warm hart heeft als jij.

Je kunt beter ophouden met dromen en iets doen. De mannen waar jij heimelijk van droomt, bestaan namelijk echt... maar je moet er wel bewust naar op zoek gaan en met een grote boog om de macho's heenlopen tot wie je jezelf tot voor kort nog magisch aangetrokken voelde.

Het is wel handig als je een partner uitzoekt die min of meer eenzelfde achtergrond heeft als jij, zodat je straks niet allebei gedesillusioneerd achterblijft. Misschien lukt het de man die jou met tederheid, opmerkzaamheid en waardering tegemoet treedt, wél om jou tot nu toe verborgen gebleven kanten te ontdekken, zodat je van je zwaktes juist sterke punten kunt maken.

Kun je goed flirten?

Flirten kun je leren! Of je nu aan het sporten of auto-rijden bent, boodschappen doet, op je werk bent, op het strand of in de bioscoop, in een bar, de disco of de metro... er zijn gelegenheden genoeg om te flirten. Meestal is er ook geen gebrek aan geschikte objecten om mee te flirten. Het probleem is eerder: hoe! Hoe kom je erachter of die aantrekkelijke man nog vrij is en maak je contact met hem zonder het risico een blauwtje te lopen? Hoe zet je de eerste stap: ga je liever direct in de aanval en laat je de ander aanmodderen óf probeer je ervoor te zorgen dat híj in beweging komt... zonder dat hijzelf het initiatief hoeft te nemen? Met onderstaande test kun je vaststellen of je er klaar voor bent om met succes te flirten.

1. Hoe verklaar je dat sommige vrouwen juist aantrekkelijk zijn voor mannen die ze zelf lelijk vinden?
a) Dat heb ik mezelf ook al vaak afgevraagd.
b) Het is gewoon makkelijker indruk te maken op mannen die niet knap zijn.
c) Bij types die niet zo interessant zijn, is het makkelijker jezelf te zijn en niet verkrampt over te komen.

2. Op een feestje zie je de man van je dromen... maar hij is in het gezelschap van twee zeer knappe vrouwen. Hoe zorg je ervoor dat hij je toch ziet?
a) Ik probeer voortdurend oogcontact te krijgen en lach verleidelijk naar hem.
b) Ik vraag de gastheer of gastvrouw ons aan elkaar voor te stellen.
c) Door geduld te betrachten: ik wacht af tot ik een gunstig moment vind om een praatje met hem aan te knopen.

3. Het is je inderdaad gelukt in gesprek te raken met deze man. Aan het einde van de avond wisselen jullie telefoonnummers uit. Hoe gaat het verder?

a) Ik bel hem gewoon op... en wacht daar niet te lang mee!
b) Ik hoop dat hij mij belt. Anders haak ik af.
c) Ik laat een paar dagen verstrijken. Als hij dan niet belt, meld ik me bij hem.

4. Je beste vriendin heeft zich aangemeld voor een tantracursus. Ze durft echter niet alleen te gaan en vraagt je met haar mee te gaan. Ga je mee?

a) Nee, ze heeft zichzelf opgegeven voor deze sekscursus, dus dan moet ze er ook maar alleen naartoe.
b) Het hangt er helemaal van af hoeveel mannen er zijn.
c) Je kunt natuurlijk altijd een keer gaan kijken. Wie weet, misschien kan ik er nog iets van leren.

5. Welke van de volgende mogelijkheden om de man van je dromen te vinden zou je het meest geforceerd vinden?

a) Een contactadvertentie in de krant of op internet zetten.
b) Gebruikmaken van de diensten van een bemiddelings-bureau.
c) Lid worden van een club voor alleenstaanden of deel-nemen aan een georganiseerde reis voor alleenstaanden.

6. In bijna alle grote steden worden regelmatig feestjes voor singles georganiseerd. Wat vind je daarvan?

a) Goed.
b) Te gezocht en geforceerd.
c) Het ene feestje is het andere niet... het hangt af van de gas-ten.

7. Flirten tegen de klok. Bij 'speed dating' proberen bureaus voor alleenstaanden hun klanten binnen een bepaalde tijd aan iemand te koppelen. Iedere deelnemer krijgt een beperkte tijd om uit te vinden of hij of zij de ander nog een keer wil ontmoeten. Wat vind je daarvan?

a) Slim en zakelijk idee, maar het bureau wint er meer mee dan de klant.

b) Grappig maar niet realistisch: hoe kun je nu in een paar minuten de man of vrouw van je dromen vinden?

c) Als je het leuk vindt... Enkele minuten is lang genoeg om erachter te komen of iemand je ligt of niet!

8. *Je beste vriendin heeft ongelooflijk liefdesverdriet en komt bij jou uithuilen. Welke van de onderstaande opbeurende uitspraken past het beste bij jou?*

a) 'Wees blij dat je verlost bent van die vent...'

b) 'Huil maar eens lekker uit! Ik weet hoe je je voelt.'

c) 'Er zijn nog meer knappe kerels op deze wereld...'

9. *Wat vind je van one-night-stands?*

a) Waarom niet? Dat kan heel opwindend en verslavend zijn.

b) Seks zonder liefde is niets voor mij.

c) Meestal houd je daar een nare nasmaak aan over...

10. *Waar denk je aan als je de uitdrukking 'spelen met vuur' hoort en het gaat over de liefde?*

a) Een liefdesavontuur met een open einde.

b) Een hete liefdesnacht, waarbij in het heetst van de strijd niet meer wordt gedacht aan anticonceptie en veilig vrijen.

c) Een riskante affaire met een getrouwde man.

11. *Heb je wel eens een vakantieliefde gehad bij wie je verder bent gegaan dan je eigenlijk wilde?*

a) Nee, omdat ik geen grenzen heb.

b) Nee, ik blijf altijd trouw aan mijn principes in de liefde.

c) Ja, helaas wel.

12. *Wat is naar jouw mening het onderscheid tussen erotiek en seks?*

a) Erotiek is het zinnenprikkelende spel van de lust, seks is pure hartstocht.

b) Erotiek is de appetizer, seks is het hoofdgerecht.

c) Er is geen onderscheid, het zijn twee begrippen voor één en hetzelfde.

13. Je hebt onafhankelijk van elkaar twee mannen leren kennen en voelt je door beide evenveel aangetrokken. Wat doe je?
a) Ik vergeet ze allebei. Als ik echt verliefd zou zijn, had ik wel een duidelijke favoriet.
b) Ik kies voor één van hen, ook al is dat nog zo moeilijk.
c) Ik zorg ervoor dat de één niet van het bestaan van de ander weet en geniet van de situatie.

14. Laten we aannemen dat je op zoek bent naar een man: heb je altijd een pakje condooms onder handbereik?
a) Ja, natuurlijk.
b) Nee, dat laat ik liever aan de man over.
c) Niet altijd, maar wel in speciale gevallen...

15. Een vriendin stelt je op een feestje voor aan een goede oude vriend van haar. Zodra je hem ziet, giert de adrenaline door je lijf. Als hij ook nog uitdagend naar je glimlacht, is het gebeurd. Ineens weet je het zeker: hij is het en niemand anders. Beantwoord je de signalen die hij uitzendt?
a) Pas als ik er zeker van ben dat hij alleen zo naar mij glimlacht.
b) Ja, voordat iemand anders het doet!
c) Eerst ben ik nog wat terughoudend, totdat ik zeker weet dat hij alleen is.

Testuitslag

	a	b	c	
Vraag 1	0	6	3	punten
Vraag 2	3	6	0	
Vraag 3	6	0	3	
Vraag 4	0	6	3	
Vraag 5	3	6	0	
Vraag 6	6	0	3	
Vraag 7	3	0	6	
Vraag 8	0	3	6	
Vraag 9	6	0	3	
Vraag 10	0	3	6	
Vraag 11	6	0	3	
Vraag 12	3	6	0	
Vraag 13	0	3	6	
Vraag 14	6	0	3	
Vraag 15	3	6	0	

0 tot 27
Heb niet achteraf spijt dat je een kans hebt laten lopen, maar doe iets!
Een verstolen blik, een verlegen glimlach, smalltalk... denk je
nu echt dat dit voldoende is om het hart van de man van je dromen te veroveren? Er is wel iets meer voor nodig om succes te
hebben bij de mannen. Of denk je soms dat ze gedachten kunnen lezen? Jezelf nadrukkelijk terughoudend opstellen lijkt
misschien wel verleidelijk of zelfs een beetje geheimzinnig,
maar de moed zou je ook in de schoenen kunnen zinken en je
toenaderingspogingen zouden in het water kunnen vallen.
Als je als geremd of koel bekendstaat, geen halve maatregelen
wilt nemen en helemaal wilt gaan voor de liefde van je leven,
wordt het tijd dat je (eindelijk) de aanval opent! Speel niet de
ongenaakbare, overwin eventueel je verlegenheid en laat merken – decent, maar wel op niet mis te verstane wijze – dat het

jachtseizoen geopend is. Zorg ervoor dat hij je opmerkt en wees je ervan bewust dat je in principe niets te verliezen hebt, behalve dan misschien je vrije leventje.

Hoe banaal het ook mag klinken, nóg een voorwaarde voor succes bij het flirten is jezelf duidelijk richten op alleenstaanden! Als je de liefde een zo groot mogelijke kans wilt geven, kun je het beste direct op iemand afstappen die hetzelfde doel voor ogen heeft. Potentiële kandidaten vind je niet alleen in bars, cafés en clubs, maar bijvoorbeeld ook in de fitnessstudio, wasserette (veel alleenstaanden hebben geen eigen wasmachine) of supermarkt, vlak voor sluitingstijd (dan zijn er geen gezinnen met kinderen meer).

Een afspraak met stelletjes kan wel heel gezellig zijn (vooral als ze weer eens ruzie hebben), maar het levert je nauwelijks contacten met andere alleenstaanden op. Ook met te veel vriendinnen of een goede vriend gaan stappen, kan mannen die mogelijk belangstelling zouden hebben, afschrikken. Het beste is een zorgeloos avondje uit met je beste vriendin.

De succesvolste manier om met iemand in contact te komen heeft overigens vier poten. Volgens enquêtes leggen alleenstaanden met een hond het snelst contact. Misschien kun je de hond van de buren eens lenen...

Maar of je nu wel of niet ergens op kunt terugvallen, wees niet bang dat je een blauwtje loopt! Vrouwen zijn namelijk duidelijk in het voordeel bij het flirten. Uit een psychologische studie is gebleken dat zelfs wanneer een vrouw nog zo onhandig is tijdens het flirten, ze bijna altijd succes heeft bij de mannen. Schrik er ook niet voor terug hulp te zoeken als je een partner wilt. Er is niets mis met een contactadvertentie en een club voor alleenstaanden! Maar als je gebruikmaakt van de diensten van een bemiddelingsbureau, is het verstandig te kijken wat het aanbod is en of het wel een serieus bureau is. Inmiddels is internet de meest geliefde (en succesvolste) plek om met iemand in contact te komen. Maar ook dan moet je goed blijven opletten, want de anonieme virtuele wereld staat soms mijlenver af van de werkelijkheid.

30 tot 57 punten
Je bent een natuurtalent als het om flirten gaat – en stelt hoge eisen.

Weke knieën, klamme handen, vlinders in je buik. Als jij flirt, doe je dat met hart en ziel. Daarom ga je doelbewust en met veel gevoel af op het object van je begeerte. Plompe toenaderingspogingen zijn niet jouw stijl. Je flirt alleen met mannen die je iets doen, iets in je losmaken. Je moet al een kriebelig gevoel in je maag hebben, wil je in actie komen. Vervolgens gooi je al je charmes in de strijd en maak je door je open en losse manier van doen grote indruk.

Soms wacht je toch net iets te lang met flirten... en niet alleen omdat je je terughoudend wilt opstellen. Nee, soms ben je gewoon bang een blauwtje te lopen. Bedenk dan dat het beter is te accepteren dat je ook wel eens niet in de prijzen valt, zodat je wél succes zult hebben als het de moeite waard is. Een mislukte flirt is soms beter dan helemaal geen toenaderingspogingen doen... omdat je jezelf dan achteraf niet hoeft te verwijten dat je het niet hebt geprobeerd. Het is overigens heel normaal bang te zijn voor een afwijzing. Dat hoort bij het spel van de liefde. En als je heel eerlijk bent: is flirten niet extra spannend juist omdát je het risico loopt afgewezen te worden? Als we altijd zeker zouden zijn van de overwinning, zou de liefde heel saai worden.

Het is ook niet handig alleen maar te zoeken naar de man van je dromen. Misschien stel je wel te hogen eisen. Kun je ze niet beter iets bijstellen? Misschien is het verstandiger iedere mogelijk interessante man niet al bij de eerste kennismaking langs de meetlat te leggen om te zien of hij een goede vader voor jullie eventuele kinderen zou zijn of dat hij in ieder geval de man is waar je je leven mee wilt delen. Veel mannen knappen af als ze meteen op die criteria beoordeeld worden. Het antwoord op de vraag of je potentiële kandidaat geschikt is voor een leven aan jouw zijde, ligt namelijk nog in de schoot der toekomst verborgen.

Vergeet dus niet dat flirten vooralsnog niet tot verplichtingen leidt. Als je je alleen richt op mannen die misschien de ware zouden kunnen zijn, ontneem je jezelf het plezier van een ongedwongen flirt. Want het duurt wel even voordat uit een oppervlakkig contact een nog steeds vrijblijvende relatie ontstaat, die zich mogelijkerwijs later ontwikkelt tot een band voor het leven. Dat vraagt tijd en geduld. Liefde laat zich nu eenmaal niet dwingen... dat weet je zelf natuurlijk ook maar al te goed. Houd op met dromen! Blijf niet op zoek naar de prins op het witte paard, maar richt je aandacht liever op een 'normale' man, die ongetwijfeld niet aan al je verwachtingen beantwoordt, maar die wel een reële optie is!

60 tot 90 punten
Overdrijf niet! Je hebt de neiging alleen maar voor de overwinning te gaan.

Als het over flirten gaat, ben je een waar succesnummer. Je laat er geen gras over groeien en zo goed als geen gelegenheid voorbijgaan om te bewijzen dat je de kunst van het flirten meester bent. Daarbij trek je meestal alle registers open... ook vaak de verkeerde. Als het aankomt op invoelingsvermogen, behoedzaam naderbij komen en aftasten, gooi jij direct alle wapens in de strijd. Zo'n offensief zorgt er echter voor dat sommige mannen hals over kop de benen nemen... vooral mannen met bindingsangst. En dat zijn er veel!

Vrouwen die met Jan en alleman flirten, schrikken mannen ook af. Niemand is per slot van rekening graag tweede keus. Als je het gevoel hebt dat je tijdens het flirten alleen maar de aandacht van kneusjes trekt, mag je zeker niet te hard van stapel lopen. Neem de tijd om doelgericht avances te maken. Probeer ook niet zoekend om je heen te kijken. Mannen zijn namelijk allergisch voor vrouwen die koste wat het kost een partner aan de haak willen slaan.

Hoe meer ontspannen en rustiger je bent, hoe aantrekkelijker mannen je vinden! Als je er zeker van bent dat je je in je eentje ook heel goed kunt vermaken en niet per se een man nodig hebt, straal je dat ook uit. Niets maakt meer indruk op mannen dan een onafhankelijke, zelfbewuste en toch heel feminiene vrouw. En ze raken helemaal in je ban als je het oer-

Liefde en relatie

vrouwelijke spel der verleiding speelt. Dit spel tussen provoceren en je aangetrokken voelen, aantrekken en weer afstoten, heeft al heel wat mannen van hun theewater gebracht... en het werkt nog steeds!

Laat dus gerust je schaduwkanten zien en houd de man van je dromen af en toe aan het lijntje. Flirten is per slot van rekening niet bedoeld voor zijn zelfbevestiging! Maar... als je gaat spelen met iemands gevoelens, is de lol er gauw af... Concentreer je daarom op die mannen, waar je echt in geïnteresseerd bent. Want alleen die zijn jouw moeite waard!

Hoe zie je jezelf en ben je je bewust van je eigen lichaam?

Luister je naar de signalen die je lichaam je geeft?

Je lichaam verdient het verzorgd en in goede conditie gehouden te worden. Als je het goed behandelt, zal je beloning een goede gezondheid, een fit gevoel en een aantrekkelijk uiterlijk zijn. Eigenlijk weet je lichaam heel precies wat het wil en wat goed is. Maar luister je daar wel altijd naar? Of negeer je ook wel eens de signalen, omdat je de waarschuwingen niet wilt horen? Of omdat je misschien gewoon niet weet hoe je met lichamelijke symptomen moet omgaan? Onderstaande test helpt je een beter lichaamsbewustzijn te ontwikkelen. Ga na of je gehoor geeft aan alarmsignalen en je lichaam onder controle hebt. Luister je er genoeg naar of maak je je misschien te veel zorgen om je gezondheid?

1. *Je zit achter de computer en wordt ineens duizelig; wat op het beeldscherm staat, lijkt ineens in nevelen gehuld en je hoofd bonst. Wat denk je dat deze verschijnselen te betekenen hebben?*
a) Ik ben een beetje gestresst. Als ik een korte pauze neem, voel ik me wel weer goed.
b) Ik word bang en maak zo snel mogelijk een afspraak bij de dokter.
c) Ik denk dat ik te veel van mezelf gevraagd heb, zet de computer uit en probeer me te ontspannen.

2. *Wat doe je als je moeilijk in slaap kunt komen of problemen hebt met doorslapen?*
a) 's Avonds niet te zwaar tafelen, me voor het slapengaan bewust ontspannen – door bijvoorbeeld naar muziek te luisteren – en ervoor zorgen dat het niet te warm is in mijn slaapkamer.
b) Een goed klimaat creëren in mijn slaapkamer (aangename

temperatuur, geen elektrische apparaten in de buurt van mijn bed), voor het slapengaan kruidenthee zonder suiker drinken of een autogene training doen.

c) Niet te vroeg naar bed gaan, de slaapkamer – indien nodig – goed luchten en voor het slapengaan nog even lezen of televisiekijken.

3. *Hoe makkelijk kom je 's ochtends je bed uit?*
a) Eigenlijk zonder problemen. Als de wekker voor de eerste keer afgaat, ben ik meestal al wakker.
b) Slecht, het duurt meestal even voor ik op gang kom.
c) Hangt er helemaal vanaf of ik 's nachts goed en lang genoeg geslapen heb.

4. *Wanneer grijp je naar de chocola of andere zoetigheid?*
a) Niet zo vaak, maar wel als mijn lichaam daar om vraagt.
b) Bij stress of als ik gefrustreerd ben, om mijn zenuwen in bedwang te houden of mezelf te troosten.
c) Nooit. Veel te veel calorieën!

5. *Waardoor ontstaat naar jouw mening een hoge bloeddruk?*
a) Overgewicht, verkeerde voeding en een gebrek aan beweging.
b) Roken, intensief alcoholgebruik en aderverkalking.
c) Erfelijke aanleg en/of niet goed omgaan met stress.

6. *Bij een goede vriendin van jou wordt kanker geconstateerd. Hoe ga je daar na de eerste schok mee om?*
a) Ik probeer er precies achter te komen welke symptomen wanneer voor het eerst bij haar optraden.
b) Ik probeer haar de komende tijd af te leiden en aan andere dingen te laten denken.
c) Ik bied mijn hulp aan en bespreek alle behandelmogelijkheden met haar... maar alleen als zij dat wil.

7. *Hoe probeer jij borstkanker te voorkomen?*
a) Door veel fruit en groente te eten, niet te roken, veel te

bewegen en één keer in de maand – nadat ik ongesteld geweest ben – systematisch mijn borsten af te tasten.
b) Vooral door veel te sporten, dagelijks vitamine A, C en E en het mineraal selenium (dat de celwand beschermt) te slikken, veel sojamelk te drinken en regelmatig mijn borsten te onderzoeken.
c) Helaas is borstkanker niet te voorkomen... je krijgt het of je krijgt het niet.

8. *Oorsuizing ontstaat vaak door stress. Suizen jouw oren ook wel eens?*
a) Wel vaker, maar na een tijdje houdt het suizen vanzelf weer op.
b) Ja, helaas wel. Ik ben er al eens voor bij de dokter geweest.
c) Nee, godzijdank zat er tot nu toe nog geen 'mannetje' in mijn oor te fluisteren.

9. *Controleer je je hartslag bij het sporten?*
a) Nee, nooit.
b) Ja, ik voel mijn pols en tel het aantal slagen.
c) Ja, met een bloeddrukmeter.

10. *Heb je wel eens het gevoel dat er iets niet klopt in je lichaam?*
a) Eigenlijk voortdurend.
b) Ja, als ik bijvoorbeeld ziek word.
c) Alleen als ik een avond te veel gedronken heb.

11. *Mensen met een lichte huid en een groot aantal moedervlekken moeten zichzelf heel goed beschermen tegen UV-straling. Hoe voorkom jij dat je verbrandt?*
a) Door iets op mijn hoofd te zetten en een zonnebrandcrème met hoge beschermingsfactor te gebruiken, die ik minstens 30 minuten voordat ik de zon inga, opsmeer.
b) Door zoveel mogelijk uit de schadelijke zonnestralen te blijven: bruin is ongezond!
c) Door in de winter regelmatig naar de zonnebank te gaan en mijn huid langzaam te laten wennen aan de zomerzon.

12. *Heb je last van allergieën?*
a) Helaas wel. Ik ben allergisch voor bijna alles.
b) Niet dat ik weet.
c) Vroeger niet, maar hoe ouder ik word, hoe vaker ik allergisch reageer, als ik bijvoorbeeld bepaalde dingen eet of als er veel pollen in de lucht zitten.

13. *Merk je het als de hormoonspiegel in je lichaam verandert, bijvoorbeeld vlak voordat je ongesteld moet worden?*
a) Ja, er zijn een paar duidelijke indicaties waar ik de klok op gelijk kan zetten.
b) Meestal wel, niet alleen lichamelijk maar ook geestelijk.
c) Niet altijd, soms komt de ongesteldheid tamelijk onverwacht.

14. *Sinds ongeveer een maand heb je veel last van een stijve nek, die zorgt voor een migraineachtige hoofdpijn. Wat doe je ertegen?*
a) Ik ontspan me in een warm bad en haal bij de apotheek een receptvrij middel tegen migraine.
b) Ik doe even een paar eenvoudige strek- en ontspanningsoefeningen en probeer op de langere termijn mijn spieren te versterken.
c) Ik haal bij mijn huisarts een verwijsbriefje voor manuele therapie of massage.

15. *De laatste tijd heb je last van de volgende klachten: plotseling optredende hevige jeuk, een droge huid, wondjes genezen slecht, voortdurende dorst, vermoeidheid en een duidelijke gewichtsafname of -toename zonder duidelijk aanwijsbare reden (dus niet als gevolg van veranderde eetgewoonten). Welke conclusie trek je daaruit?*
a). Ik moet absoluut mijn bloedsuiker laten controleren... misschien heb ik wel suikerziekte!
b) Ik heb vast een raadselachtige stofwisselingsstoornis en moet dringend naar een specialist!
a) Ik word ook een dagje ouder, maar misschien gaat het vanzelf beter.

16. Welke conclusie trek je uit de volgende symptomen: druk op de maag, kortademigheid, vaak misselijk, pijn achter het borstbeen?
a) Een verwaarloosde bronchitis.
b) Hartkloppingen.
c) Acuut gevaar voor een hartinfarct.

17. Hoe zou je je eigen lichamelijke gesteldheid beoordelen?
a) Kerngezond: ik mankeer zo goed als nooit iets.
b) Gemiddeld: kan beter, maar ook veel slechter.
c) Slecht: in de afgelopen weken ben ik voortdurend verkouden geweest.

18. Je hebt een behoorlijke griep opgelopen en je moet je van de huisarts een week lang gedeisd houden. Maar al na drie dagen voel je jezelf weer fit en je verveelt je te pletter. Blijf je toch braaf thuis om jezelf rust te gunnen?
a) Zo ongeveer. Ik ontzie mezelf wel en slaap veel, maar ga af en toe ook een lekker wandelingetje in de frisse lucht maken.
b) Nee, als ik me echt weer fit voel, is er geen enkele reden in bed te blijven liggen... veel te grote kans op trombose.
c) Maar natuurlijk. Een griep moet je helemaal uitzieken, anders word je slap en kun je problemen met je hart krijgen.

Testuitslag

	a	b	c	
Vraag 1	0	3	6	punten
Vraag 2	3	6	0	
Vraag 3	6	0	3	
Vraag 4	3	0	6	
Vraag 5	3	6	0	
Vraag 6	6	0	3	
Vraag 7	3	6	0	
Vraag 8	0	6	3	
Vraag 9	0	3	6	
Vraag 10	6	3	0	
Vraag 11	3	6	0	
Vraag 12	6	0	3	
Vraag 13	3	6	0	
Vraag 14	0	3	6	
Vraag 15	3	6	0	
Vraag 16	0	6	3	
Vraag 17	0	3	6	
Vraag 18	3	0	6	

0 tot 33 punten
Het is niet geheel ongevaarlijk alarmsignalen te negeren!

Je lichaam is in jouw ogen een anatomisch geheel dat gewoon moet functioneren. Je wilt liever niet weten hoe alles precies in zijn werk gaat en al helemaal niet welke ziektes je allemaal zou kunnen krijgen, want daar ben je bang voor. Daarom verdring je alles wat in de breedste zin van het woord te maken heeft met gezondheid en vermijd je elk onderwerp dat ook maar iets met geneeskunde van doen heeft. Zodra je iets bij jezelf merkt wat verdacht is, denk je dat het vanzelf wel weer overgaat en onderdruk je de alarmsignalen. Je loopt ook het liefst met een grote boog om preventief onderzoek en routinecontroles heen. Stel je voor dat er uit de duistere diepten van je lichaam iets aan het daglicht zou komen wat je niet bevalt! Toch is het in de wind slaan van mogelijke alarmsignalen van je lichaam niet zonder gevaar. Voorkomen is nog altijd beter dan genezen en – in het geval van een ernstige ziekte – op tijd de juiste diagnose stellen is een belangrijke voorwaarde voor uiteindelijke genezing. Als je bijvoorbeeld achter de computer aan het werk bent en je ineens niet lekker voelt, als de wereld om je heen lijkt te draaien, de monitor lijkt te flakkeren en je hoofd bonkt, kunnen dat weliswaar 'gewoon' de gevolgen van stress en te hard werken zijn, maar ook de kenmerkende symptomen van een stoornis in de bloedsomloop, die uiteindelijk zou kunnen leiden tot een beroerte. Ga in zo'n geval dus beslist naar de dokter! Beter een keer te veel dan te weinig. Winderigheid, een vol gevoel, pijn in de buik of diarree kunnen verschijnselen zijn van een geprikkelde darm – een tamelijk onschuldige stoornis – maar ook signalen van een ernstige ziekte, bijvoorbeeld een acute of chronische blindedarmontsteking of een ontsteking van de dikke darm. Een suizend gevoel in de oren wordt door leken vaak beschouwd als een oorzaak van stress – en dus van voorbijgaande aard – maar dat is het vaak niet. Een nerveus klingelend, piepend, suizend, brommend of ruisend geluid in de oren is namelijk vaak niet gewoon een subjectieve waarneming van omgevingsgeluiden, maar kan velerlei oorzaken hebben, onder andere een plotseling optredend (tijdelijk) gehoorverlies of een gevaarlijke middenoorontsteking, die ook invloed heeft op het evenwichtsorgaan!

Achter veel lichamelijke verschijnselen gaan overigens vaak psychische problemen schuil. Als de geest niet in orde is, heeft dat zijn weerslag op het lichaam. Zo kunnen een stijve nek of rugpijn misschien een lichamelijke aanwijzing zijn dat iemand 'te veel hooi op zijn vork genomen heeft'. Plotseling optredende allergieën, huiduitslag (eczeem) of andere huidproblemen kunnen duiden op een verstoord innerlijk evenwicht. Heel vaak is de huid een spiegel voor de ziel.

Ga voortaan dus behoedzamer om met je lichaam en let

vooral op de (waarschuwings)signalen. Vaak weet je lichaam beter dan je hoofd wat goed is.

36 tot 72 punten

Je hebt je lichaam en het functioneren ervan uitstekend onder controle; zorg ervoor dat het ook een sterkere eenheid wordt.

Je hebt een gezond lichaamsbewustzijn! Je kent je eigen lichaam en verstaat zijn taal, dat wil zeggen: je merkt bijtijds de mogelijke waarschuwingssignalen op die het uitzendt en schat die ook juist in. Omdat je naar je lichaam luistert, heb je eventuele voorbodes van een ziekte goed onder controle. Preventief onderzoek is heel vanzelfsprekend voor jou. Daarom ben je in staat eventuele afwijkingen relatief snel te onderkennen en ernaar te handelen. Je raakt niet direct in paniek als je je een keer niet goed voelt, maar als je echt ongerust bent over bepaalde symptomen, wil je alles grondig uitgezocht hebben.

Bedenk echter wel dat de oorzaken van bepaalde klachten niet altijd daar te vinden zijn waar je ze vermoedt. Je lichaam is altijd een weerspiegeling van hoe je je voelt. Als je bijvoorbeeld eens een slechte dag hebt, is dat vaak te merken aan je inwendige organen en af te zien aan je huid en/of je manier van bewegen. Soms zelfs duidelijker dan je lief is. Zo is het mogelijk dat je maag protesteert, dat je puistjes krijgt of een stijve nek, omdat je je hevig geërgerd hebt over iets of veel stress ervaart. Hoe complex ons lichaam in elkaar zit en hoe schijnbaar onafhankelijk van elkaar opererende processen toch in relatie tot elkaar staan, is ook goed te zien in een ander voorbeeld. Kan hoofdpijn het gevolg zijn van een verdraaide knie? En hoe dan? Een verdraaide knie leidt ertoe dat je het gewricht probeert te ontzien. Deze verkeerde houding mist zijn uitwerking niet op de zenuwen, banden en spieren die in verbinding staan met het bekken. Ook het bekken reageert op de verkeerde houding en heeft weer invloed op de wervelkolom, die ook van positie verandert. Omdat de bovenste gewrichten van de wervelkolom het hoofd laten draaien, wordt ook de stand van het hoofd anders. Dat betekent dat de spieren van de nek die veranderde stand van het hoofd moeten compenseren... waardoor ze verkrampen. Als gevolg van het verkrampen van de spieren kunnen de bloedvaten in het hoofd afgeknepen worden, wat uiteindelijk leidt tot een verminderde doorbloeding van delen van de hersenen en dus tot hoofdpijn.

Kortom: beschouw het menselijk lichaam als een eenheid die voortdurend in ontwikkeling is om het hele organisme in beweging te kunnen houden en de cellen te voorzien van de benodigde voedingsstoffen. Als je je dat realiseert, zul je vast en zeker nog bewuster met je lichaam omgaan en merken – voorzover je dat nog niet wist – dat een goed functionerend immuunsysteem de best mogelijke bescherming biedt tegen allerlei denkbare ziektes. Als je je lichaam wilt beschermen tegen schadelijke invloeden van buitenaf, moet je dus je natuurlijke afweermechanisme versterken! Naast regelmatig sporten, naar de sauna gaan en een wisseldouche nemen, gezond leven en een uitgebalanceerde, vitaminerijke voeding kun je de afweer van je eigen lichaam ook op peil houden door bewust bepaalde voedingssupplementen te nemen. Zo verbetert zink bijvoorbeeld het afweermechanisme en helpt magnesium bij stress... al moet je er wel op letten dat je de juiste hoeveelheden neemt. Er zijn natuurlijk nog veel meer andere middelen die je afweermechanisme kunnen versterken. Houd echter altijd voor ogen dat alles wat een uitwerking heeft, bijna altijd ook bijwerkingen heeft. Je kunt je dus het beste laten adviseren door een arts in wie je vertrouwen hebt.

75 tot 108 punten
Je hebt de neiging zelfs de meest onschuldige symptomen buiten proporties te zien.
Kan het zijn dat je je te veel zorgen maakt om je gezondheid? De testuitslag laat in elk geval zien dat het goed functioneren van je lichaam een belangrijke rol speelt in jouw leven. Je hebt de neiging voortdurend op je lichaam te letten en ieder signaal

– al is het nog zo zwak – te beschouwen als een mogelijk symptoom van een ernstige ziekte. Dat is voor een groot deel toe te schrijven aan het feit dat je veel weet over gezondheid en de medische wetenschap. Waarschijnlijk verzamel je medisch nieuws zoals een ander postzegels verzamelt.

Het probleem is alleen dat hoe meer je je verdiept in allerlei mogelijke kwaaltjes, hoe zieker je je voelt! Want je hebt waarschijnlijk niet voldoende kennis van zaken om de verzamelde informatie op de juiste manier te ordenen en interpreteren. Veel geneeskundestudenten hebben daar aan het begin van hun studie ook last van. Elk mogelijk symptoom van een ziekte wordt uitgetest op een levend object (lees: de student zelf)... en vaak verkeerd beoordeeld. Bij hypochondrie bijvoorbeeld (abnormale en overdreven (waan)voorstellingen) is dit overigens altijd zo. Hypochonders beschouwen zelfs de ongevaarlijkste lichamelijke verschijnselen als een ziekte, waardoor uiteindelijk ook hun totale welbevinden negatief wordt beïnvloed.

Laat het niet zover komen! En loop vooral niet het risico dat je op een gegeven moment door te veel zorgen en vermeende symptomen overbelast raakt en – in het ergste geval – de echte waarschuwingssignalen niet meer opmerkt. Als je op een gezonde manier omgaat met mogelijke ziektes – waar je indirect door de media of direct door je naaste omgeving mee geconfronteerd wordt –, kun je jezelf wapenen tegen overdreven aandacht voor relatief onschuldige signalen en voorkomen dat je de daadwerkelijke risico's overschat.

Een gezonde angst is belangrijk en zinvol om je lichaam te beschermen. Daarentegen zwakt een ziekmakende, verlammende angst het natuurlijke afweersysteem van het lichaam juist af, doordat het lichaam zich voortdurend in staat van alarm bevindt en de krachten permanent gemobiliseerd blijven, in plaats van deze af en toe te activeren. Als je bang bent door een ziekte op de knieën te worden gedwongen, is het belangrijk de verschillende factoren waardoor dit beeld mogelijkerwijs is ontstaan eens onder de loep te nemen. Het kan bijvoorbeeld zijn dat je een bepaalde basale angst hebt, depressief bent, aan waanvoorstellingen lijdt of ineens in een compleet andere sociale situatie terecht bent gekomen.

Blijf dus goed op je lichaam letten, maar raak niet bij ieder mogelijk pijntje direct in paniek. Probeer kalm te blijven en je ervaringen met een expert te bespreken! Misschien kan je huisarts je verder helpen?

Hoe sterk is je erotische uitstraling?

Sommige vrouwen lijken stormenderhand harten te veroveren en op een magische manier de aandacht van mannen te trekken. Eén glimlach is al voldoende om het sterke geslacht weke knieën te bezorgen. Andere vrouwen daarentegen kunnen doen wat ze willen, zich heel verleidelijk gedragen en de meest gewaagde outfits aantrekken... maar laten bij het object van hun begeerte absoluut geen blijvende indruk achter. Sex-appeal heeft dus in de eerste plaats te maken met voorkomen: een positieve uitstraling maakt meer indruk dan een perfect uiterlijk. En natuurlijke charme, een ongekunsteld zelfbewustzijn en ware zinnelijkheid zorgen voor meer onrust bij mannen dan nadrukkelijk geëtaleerde schoonheid. Wie zichzelf aantrekkelijk vindt – zelfs al heb je een paar pondjes te veel op de heupen – straalt ook een sterk gevoel van eigenwaarde uit. En dat is pas sexy! Bij een erotische uitstraling hoort echter ook vertrouwen in je eigen lichaam en een ontspannen manier van omgaan met seks. Met behulp van onderstaande test kun je erachter zien te komen wat jouw aantrekkingskracht is op mannen.

1. Donker haar en een lichtgebruinde huid... Wat vindt jij van het cliché dat exotische vrouwen een erotischer uitstraling hebben dan andere?
a) Klopt helaas wel, omdat mannen nu eenmaal beter zien dan denken.
b) Dat hangt meer af van het type vrouw dan van huidskleur of kleur van de haren.
c) Nee. Zoiets kunnen alleen mannen maar zeggen die niet verder kijken dan hun geslachtsdeel lang is.

2. Herken je deze situatie: je loopt een restaurant of café binnen en voelt hoe de blikken van de andere gasten bij wijze van spreken aan je achterwerk blijven kleven?
a) O ja, en eerlijk gezegd geniet ik er iedere keer weer van!
b) Dat overkomt me eigenlijk alleen maar als ik me heel erg opgedoft heb.
c) Dat maak ik wel eens mee, vooral als ik goed in mijn vel zit.

3. Waar denk je dat mannen het eerst naar kijken als ze een vrouw zien, of liever gezegd: waar dwalen hun ogen het eerst naar af?
a) Naar de ogen en de mond.
b) Naar de borsten en de billen.
c) Naar de haren en de benen.

4. Hoe schat je jezelf in: sla jij een goed figuur bij het dansen?
a) Geen idee, ik kan mezelf per slot van rekening niet goed zien als ik aan het dansen ben.
b) Ik denk het wel; in ieder geval dans ik ontzettend graag.
c) Aan de blikken van anderen te oordelen, schijn ik heel goed te dansen.

5. Laat je fantasie de vrije loop: wat zou jouw chatnaam op internet kunnen zijn?
a) De naam van mijn lievelingsactrice of een beroemde film-figuur als Scarlett o'Hara.
b) Iets geheimzinnigs of exotisch als Miss Butterfly of Cleo-patra.
c) Een woordspeling als Lady Chatterfield, of iets grappigs als Cybernanny.

6. Hoe geniet je het liefst van een heerlijk bad?
a) Met veel kaarsen, zachte muziek en heerlijk geurende oliën.
b) Met een grappig of juist een heel spannend boek, en heel veel schuim.
c) Ik ga liever onder de douche.

7. *Naar welke lingerie grijp jij als je een man wilt verleiden?*
a)   Naar de klassieker: een zwartkanten bh, bijpassende slip, zwarte nylonkousen en jarretels.
b)   Naar een nauwsluitend latex gevalletje of een ondeugend doorzichtig rood negligé.
c)   Naar geraffineerd zijden ondergoed of alleen maar een vleugje Chanel No 5.

8. *Denk eens terug aan de tijd dat je nog een tiener was. Hoe maakte jij je eerste romantische afspraakjes?*
a)   Dat gebeurde binnen ons groepje of via mijn beste vriendin.
b)   Meestal vroegen de jongens mij of ik met hen uit wilde.
c)   Ik belde mijn vlam op en vroeg hem of hij met mij uit wilde.

9. *Het maakt niet uit met wie, de eerste keer vergeet je nooit. Hoe heb jij de eerste keer seks ervaren?*
a)   Het was nogal teleurstellend; op de een of andere manier had ik me er veel meer bij voorgesteld.
b)   Het was een afknapper, maar in principe had ik ook niets anders verwacht.
c)   Het was heel mooi: romantisch, teder en in elk opzicht heel intiem.

10. *Wat zie je als je jezelf naakt in de spiegel bekijkt?*
a)   Een doorsnee lichaam, met zo zijn sterke en zwakke kanten.
b)   Een lichaam dat over het algemeen goed van proporties is.
c)   Vrouwelijke rondingen en hier en daar een vetrolletje.

11. *Op grond van welke karaktereigenschappen zou jij graag bij andere mensen in hun herinnering blijven?*
a)   Mijn warme hart, plezier in het leven en humeur.
b)   Mijn persoonlijkheid en uitstraling, lees: mijn innerlijke en uiterlijke schoonheid.

c) Mijn creativiteit, intelligentie en successen als gevolg daarvan.

12. *Met welke leeftijdgenoten heb jij in je jeugd de meeste tijd doorgebracht?*
a) Jongens.
b) Meisjes.
c) Beiden.

13. *Hoe reageren de mensen in jouw omgeving als jij hard begint te lachen?*
a) Licht geïrriteerd.
b) Ze lachen mee.
c) Ik lach beschaafd.

14. *Wat gebeurt er als je lange tijd geen seks hebt?*
a) Ik krijg steeds meer honger naar seks... en zorg ervoor dat die ook op niet al te lange termijn gestild wordt.
b) Vroeg of laat vindt er een uitbarsting plaats van pure hartstocht!
c) Ik verlies totaal de zin in seks en mis na korte tijd eigenlijk helemaal niets meer.

15. *Welke van de volgende begrippen zijn voor jou het sterkst met erotiek verbonden?*
a) Vertrouwd, aanraking, geborgenheid, liefde, harmonie.
b) Geborgen, speels, voelen, doorgronden, versmelten.
c) Vreemd, spanning, opwinding, strijden, veroveren.

Testuitslag

	a	b	c	
Vraag 1	3	6	0	punten
Vraag 2	3	0	6	
Vraag 3	6	3	0	
Vraag 4	0	6	3	
Vraag 5	0	3	6	
Vraag 6	6	3	0	
Vraag 7	0	3	6	
Vraag 8	0	6	3	
Vraag 9	3	0	6	
Vraag 10	0	3	6	
Vraag 11	6	3	0	
Vraag 12	3	0	6	
Vraag 13	3	6	0	
Vraag 14	6	3	0	
Vraag 15	0	6	3	

0 tot 27 punten
Je sex-appeal functioneert op subtiele wijze.

Mannen strikken door hen met je lichaam het hoofd op hol te brengen, is niet jouw stijl. Als het om erotiek gaat, ben je juist heel discreet en eerder terughoudend. Niets staat verder van jou af dan uitdagend(e) seks(-appeal). Mannen kunnen niet van je verwachten dat je zonder omwegen terzake komt, je opvallend sexy kleedt en uitgebreid loopt te flirten. Verbaas je daarom niet dat jouw terughoudende optreden sommige mannen het gevoel geeft dat je afstandelijk en gereserveerd bent, misschien wel ongenaakbaar.

Dat is echter nog geen reden om te twijfelen aan je vrouwelijkheid. Het kan ook heel erg prikkelen als iemand naar buiten toe seksueel passief lijkt te zijn! Sommige mannen voelen zich pas echt uitgedaagd als vrouwen schijnbaar verlegen zijn. Onderkoelde sex-appeal heeft een provocerende wer-king... daar moet je je bewust van zijn. Omdat je erotische uit-straling zo subtiel van aard is, bereik je er alleen die mannen mee die in staat zijn verder te denken dan hun geslachtsdeel lang is. Als je het gevoel hebt dat jouw erotische uitstraling uitgerekend verdwijnt bij mannen op wie je nu juist indruk wilt maken, die je bijzonder na aan het hart liggen en wier oordeel belangrijk voor jou is, kun je beter de aanval kiezen. Gooi je charmes in de strijd, stel jezelf open, wees geïnteres-seerd en maak op speelse wijze gebruik van je erotische uit-straling.

Op het juiste moment op een bepaalde manier je ogen opslaan, verleidelijk glimlachen, losjes je benen over elkaar slaan en langzaam een paar lokken achter je oor schuiven, kan soms wonderen verrichten. Oefen deze kleine maar fijne gebaren eens rustig thuis voor de spiegel. Het belangrijkste is dat je op het juiste moment zo natuurlijk en ontspannen mogelijk overkomt. Voor de spiegel oefenen helpt je ook zekerder van jezelf te worden. Een goed gevoel voor hoe je lichaam reageert, is ook aan te leren door bijvoorbeeld te sporten. Vooral bij dansen worden de harmonieuze lichaams-bewegingen goed getraind. Daarbij hebben vrouwen overi-gens wel een duidelijk voordeel: de meeste mannen zijn mati-ge dansers... en ze hebben grote bewondering voor vrouwen die het wel kunnen.

30 tot 57 punten
Het is mogelijk dat je uitstraling op sommige mannen een agressieve uitwerking heeft.

Sexy, zinnelijk en zelfbewust... dat is de uitwerking die jij naar jouw mening op mannen hebt. En daar gedraag je je ook naar. Je laat jezelf graag zien en je bent niet karig bij het uitdelen van je charmes. Je vindt jezelf mooi en begerenswaardig en houdt ervan in het middelpunt van de belangstelling te staan. Provo-ceren is leuk en je bent gek op seks. Het liefst ga je zonder omwegen op je doel af; je houdt niet van poespas en eindeloos heen en weer geklets. Dat is precies wat jij denkt dat de mannen leuk vinden. Gewaagde outfits en een cool uiterlijk onderstrepen je aantrekkelijkheid. Daarmee wek je echter ook de indruk dat je een gemakkelijke prooi bent... en riskeer je dat het de verkeerde kant uit gaat. Want je directe gedrag kan op sommige mannen ook een agressieve uitwerking hebben en weer anderen – het schuchtere deel van het sterke geslacht – op de vlucht jagen. Bovendien maakt je uitgesproken sex-appeal niet automatisch de jachtdrift in mannen los. Volgens enquêtes willen de meeste mannen – emancipatie of niet – nog steeds liever zelf veroveren in plaats van veroverd worden en er moeite voor moeten doen in plaats van het in de schoot geworpen krijgen. Het geluksgevoel is nu eenmaal sterker als de weg naar het succes moeizaam was.

Natuurlijk zijn er ook genoeg mannen die het weten te waarderen als een vrouw zelfverzekerd is en bereid tot flirten. De vraag is alleen: wat zijn hun motieven? Misschien denken ze bij een vamp gemakkelijker vrij spel te hebben dan bij een niet minder aantrekkelijke, maar – in haar gehele optreden – duidelijk meer gereserveerde vrouw? Of misschien zijn ze alleen maar uit op een avontuurtje en snelle seks? Als je wel wilt flirten, maar niet op zoek bent naar je grote liefde, in de eerste plaats alleen maar een man in bed wilt hebben en het leuk vindt uit te dagen – omdat je ervan houdt aangestaard en bewonderd te worden –, dan trek je met je duidelijk sterk erotische uitstraling precies de (voor jou) juiste mannen aan. Geniet ervan. Maar misschien is het toch niet onverstandig bij je volgende zoektocht naar een man een beetje minder rigoureus te werk te gaan.

57 tot 90 punten
Je kunt mannen nauwelijks weerstaan.
Jij bent een ware seksbom! Hoezo? Wist je dat dan niet? Dat is ook niet zo verwonderlijk, want dat maakt nu juist deel uit van je sex-appeal! Je bent je wel vaag bewust van je erotische uitstraling, maar wordt steeds opnieuw geplaagd door twijfels.

Andere vrouwen zijn in jouw ogen veel aantrekkelijker, verleidelijker en begerenswaardiger dan jijzelf. In principe ben je wel tevreden met jezelf, maar af en toe vraag je jezelf vertwijfeld af of de mannen dat ook zo zien. Met als gevolg dat je heel naïef het sterke geslacht tegemoet treedt. Je hebt het helemaal niet nodig om je anders voor te doen dan je bent, of je sexy op te stellen. Je bent het gewoon! Dankzij jouw natuurlijke uitstraling en je betoverende charmes heb je een onweerstaanbare aantrekkingskracht op mannen... zonder dat die zelf vaak weten waarom ze nu zo van je onder de indruk zijn. Is het je stem? De manier waarop je glimlacht of loopt? In elk geval merken mannen met een gevoelige inborst dat jouw lichaam een ziel heeft! De warmte straalt ervanaf. Je bent de belichaming van vrouwelijkheid, zinnelijkheid en beschaafde erotiek. En daar raken de meeste mannen zeer van onder de indruk. Geen wonder dat je soms moeite hebt de bewonderaars van je af te slaan. Die ongekunstelde en – daarom juist – sterk erotische uitstraling onderstreep je nog eens met al dan niet bewuste gebaren. Je prikkelt zonder met anderen te spelen. Want gevoelens zijn heilig voor jou! En je kent het onderscheid tussen erotiek en seks. Je weet dat een verhuld gebaar vaak meer losmaakt dan de naakte feiten. Jouw belangrijkste spelregel in de liefde: laat nooit direct het achterste van je tong zien, maar houd ruimte over voor fantasie; ga nooit direct voor de hele buit in één keer, maar speel het spel van verlokking en uitdaging en zeg nooit te hard nee...

Zit je lekker in je vel?

Het is vaak zichtbaar wie goed is voor zijn lichaam. Een goed gevoel voor je lichaam uit zich in een natuurlijke uitstraling, harmonieuze bewegingen en pure zinnelijkheid. Een paar vetrolletjes en rimpeltjes doen niets af aan die aantrekkingskracht. Want wie tevreden is met zijn uiterlijk, is – ondanks zichtbare schoonheidsfoutjes – ook in staat de aandacht te trekken. Welvingen en rondingen zijn (vooral) voor mannen nu eenmaal interessanter dan vetwaarden, spieren en de Body-Mass-Index. In ieder geval hoort bij een positieve instelling ook een gezonde portie zelfdiscipline, want alleen als je niet voortdurend te weinig – of juist te veel – van je lichaam vraagt, zul je ook op de lange duur goed in je vel zitten.

1. *Samen met je beste vriendin ben je een heerlijk dagje uit en laten jullie je eens lekker vertroetelen op een exclusieve beautyfarm. Hoogtepunt van het verwenprogramma: een 50 minuten durende massage van je hele lichaam. Als je volledig naakt op de relaxbank ligt, komt je persoonlijke masseur binnen: een bloedmooie, bruingebrande spierbonk. Wat komt er spontaan in je op als je hem ziet?*
a) 'Waanzinnig! Konden die 50 minuten maar eeuwig duren...'
b) 'Help! Hopelijk heb ik geen puistjes op mijn rug. Als ik dat geweten had...'
c) 'Ogen dicht en volhouden! Probeer niet verkrampt te zijn, maar laat alles van je afvallen en geniet ervan...'

2. *Welke vakantiefoto's van jezelf zie je het liefst?*
a) Die foto's waarop ik er mooi bruinverbrand, superslank en ontspannen uitzie... maar dat zijn er niet zo veel.

b) Foto's die me herinneren aan een bijzonder mooie tijd.
c) Spontane kiekjes, omdat die niet zo gekunsteld zijn.

3. Wat vind je van schoonheidsoperaties?
a) Bij mensen met een gebrek aan zelfbewustzijn kunnen ze wonderen verrichten.
b) Niet echt nodig. Maar als er een medische noodzaak is, bijvoorbeeld na een zwaar ongeval, is het wel prima.
c) Uitstekend, waarom zou je de natuur niet een handje mogen helpen?

4. Veronderstel dat je zelf een gratis schoonheidsoperatie zou mogen uitkiezen. Wat zou je dan laten doen?
a) Niets, is voel er helemaal niets voor!
b) Ik zou een beetje vet laten wegzuigen.
c) Een kleine gezichtscorrectie, bijvoorbeeld mijn neus verfraaien of rimpeltjes laten wegspuiten.

5. Een vriendin van je is helemaal weg van een nieuwe anticellulitiscrème, die alle vergelijkbare andere producten in de schaduw stelt. Aan het wondermiddel hangt echter een stevig prijskaartje. In plaats van de crème zou je voor het geld makkelijk een nieuwe outfit kunnen kopen. Wat doe je?
a) Ik ga toch de crème kopen... strakke bovenbenen zijn belangrijker dan nieuwe kleren!
b) Ik ga sporten... en vertel mijn vriendin dat die anticellulitiscrème geldverspilling is!
c) Ik vraag mijn vriendin haar bovenbenen te laten zien, zodat ik me eerst zelf kan overtuigen van het resultaat.

6. Met je hand op je hart: heb je wel eens veel kleding in één keer gekocht, die je naderhand weer bent gaan ruilen?
a) Kan ik me niet herinneren.
b) Ja, meer dan eens zelfs.
c) Niet zulke grote hoeveelheden, maar wel af en toe eens een enkel kledingstuk.

7. *Een hoogzwangere vrouw bekijkt zichzelf als ze naakt voor de spiegel staat... Probeer jezelf met gesloten ogen dit beeld voor de geest te halen en laat het een moment op je inwerken voor je de volgende vraag beantwoordt. Wat denkt deze vrouw?*

a) 'Niet te geloven hoe snel dat kleine mensje in mijn lichaam gegroeid is...'
b) 'Hoe zal ik er na de zwangerschap uitzien?'
c) 'Ik ben nog nooit zo mooi geweest...'

8. *Als je jezelf qua lichaam met je vriendinnen vergelijkt, wie komt er dan het beste vanaf?*

a) Dat hangt ervan af hoe ik me op dat moment voel.
b) Meestal mijn vriendinnen.
c) Eigenlijk bijna altijd ik.

9. *Een gemengde sauna... Is dat een probleem voor jou?*

a) Nee, hoezo?
b) Wel als ik daar toevallig een collega van het werk tegen het lijf zou kunnen lopen.
c) Ik voel me veel beter in een vrouwensauna.

10. *Je hebt samen met je partner genoten van een copieus maal. Hoe voel je je daarna?*

a) Ogenschijnlijk voel ik me goed, maar ik heb wel een slecht geweten.
b) Niet zo goed, ik voel me een beetje misselijk.
c) Fantastisch! Vooropgesteld natuurlijk dat het me goed gesmaakt heeft.

11. *Wees eens eerlijk: hoe vaak neem jij het initiatief tot seks?*

a) Redelijk vaak, eigenlijk heb ik altijd wel zin. Behalve wanneer ik te gestrest ben.
b) Dat wisselt. Soms laat ik me liever verleiden.
c) Bijna nooit. Seks is niet zo belangrijk voor mij.

12. *Maak deze zin eens af: 'Lichamelijk welzijn...*

a) ...is alleen mogelijk als ziel en geest ook in evenwicht zijn.'

b) ...bereik je door veel te sporten, een gezond leven te leiden en een uitgebalanceerde voeding tot je te nemen.'
c) ...ontstaat pas als je jezelf met succes hebt kunnen bevrijden van alle mogelijke druk van buitenaf.'

13. *Neem je regelmatig de tijd jezelf eens lekker te verwennen?*
a) Jawel, maar voordat ik mijn lichaam vertroetel, moet het wel eerst iets doen!
b) Ja, ik neem ongeveer twee keer per week bewust de tijd om mijn lichaam lekker te vertroetelen.
c) Helaas te weinig, ik vind het niet zo nodig (en heb er ook het geld niet voor).

14. *Weet jij je Body-Mass-Index?*
a) Niet uit het blote hoofd, dat zou ik eerst moeten uitrekenen.
b) Ja, natuurlijk.
c) Nee, wat is dat?

15. *Je krijgt een uitnodiging voor een zomers uitstapje met het bedrijf waar je werkt. Onderaan het informatieblaadje staat dat je je zwemspullen mee moet nemen. Wat is de eerste gedachte die in je opkomt?*
a) Help! Ik ga me die dag ziek melden!
b) Eindelijk weer eens iets anders. Het wordt vast heel leuk.
c) Snel nog even een nieuwe bikini aanschaffen.

Testuitslag

	a	b	c	
Vraag 1	6	0	3	punten
Vraag 2	0	3	6	
Vraag 3	3	6	0	
Vraag 4	6	3	0	
Vraag 5	0	6	3	
Vraag 6	6	0	3	
Vraag 7	3	0	6	
Vraag 8	3	0	6	
Vraag 9	6	3	0	
Vraag 10	3	0	6	
Vraag 11	6	3	0	
Vraag 12	3	0	6	
Vraag 13	0	3	6	
Vraag 14	3	0	6	
Vraag 15	0	6	3	

0 tot 27 punten

Stel je lichaam niet mooier voor dan het is, maar houd ervan zoals het is.

In jouw ogen zijn alleen anderen echt mooi. En omdat je uiterlijk heel belangrijk voor je is, zit je ook niet lekker in je vel. Je bent vooral ontevreden met je lichaam: je bovenbenen zijn te dik, je buik is te rond, je hebt geen taille en je borsten zijn te klein. Dat is ongeveer je oordeel als je jezelf weer eens vergelijkt met je ideaalbeeld. Daarin sta je overigens niet alleen. Veel vrouwen voelen zich tegenwoordig wat hun lichaam betreft ondergeschikt aan de (onbereikbare) schoonheidsidealen die de media ons dagelijks voor ogen houden. Voortdurend spetteren perfect geproportioneerde schoonheden van reclameposters en het bioscoopdoek af, kijken welgevormde beauty's ons op allerlei zenders glimlachend aan en zweven superslanke tot graatmagere topmodellen over de cat-walks. Ze zijn allemaal supermooi, in topvorm en altijd goed gehumeurd! Ten eerste is dat niet de realiteit maar een schijn-wereld; ten tweede is het nog maar helemaal de vraag of je dat ideaalbeeld wel zou moeten nastreven. Hoe deze mensen er in het ware leven uitzien, zonder cosmetische ingrepen en tech-nische trucjes, zie je maar zelden. Dat zou de mooie droom alleen maar verstoren... en de kooplust afremmen. Het leven is nu eenmaal geen sprookje!

Stop met dromen! En probeer niet langer je lichaam te vor-men naar het idee dat jij ervan hebt. Verdien je het echt jezelf voortdurend te treiteren met diëten, folterapparaten op de fit-ness en de martelingen van de cosmetica? Weg met die peste-rij! Probeer voor de verandering eens gewoon goed te eten, op een gezonde manier aan sport te doen en je instelling te veran-deren, door van je lichaam te houden zoals het door de natuur geschapen is. Dat wil zeggen: kijk zo objectief mogelijk naar jezelf en vergelijk jezelf niet voortdurend met allerlei ideaal-beelden die mijlenver van de realiteit afstaan.

Heb je je wel eens afgevraagd of je eigen observaties mis-schien heel anders zijn dan het beeld dat anderen van je heb-ben? Dat jouw subjectieve beeld vertroebeld is en dat je mee-dogenloos bent tegenover jezelf? Dat je in de ogen van de mensen om je heen allang degene bent die je graag zou willen zijn: mooi en begerenswaardig? Een tip waar je misschien iets aan hebt: ook al kost het je moeite, ga eens naakt voor een grote spiegel staan en vervolgens op ontdekkingsreis. Zoek heel doelgericht plekjes op je lichaam die je heel mooi vindt aan jezelf. Je hoeft niet bang te zijn: je zult absoluut iets vin-den.

In de volgende stap ga je op zoek naar je innerlijke schoonheid. Schrijf op een vel papier alle karaktereigen-schappen op die opvallend zijn aan jou... als mens en als vrouw. Het doel is: jezelf leren kennen! Met liefde naar jezelf kijken is absoluut iets anders dan narcistisch zijn; het is een belangrijke voorwaarde om jezelf te respecteren. Want datge-ne waar jij naar op zoek bent – zelfbevestiging, erkenning, liefde en geborgenheid – vind je voor een deel bij jezelf! Als je tevreden bent met jezelf, zit je goed in je vel, en omgekeerd.

30 tot 60 punten
Je bent tevreden met wat je genen je hebben meegegeven.
Eigenlijk ben je best tevreden met jezelf en je lichaam. Natuurlijk vind je – kritisch als je op jezelf bent – voor de spiegel wel het een of andere schoonheidsfoutje, maar je maakt je daar geen ernstige zorgen om. Dat hoeft ook niet, want juist de kleine foutjes en bijzondere kenmerken maken een persoonlijkheid af en vormen mensen tot individuen. Een slanke taille, smalle heupen en prachtige borsten gelden in de door mannen gedomineerde media nog altijd als het (uiterst discutabele) schoonheidsideaal. Dat bijna geen vrouw van nature voorzien is van een paar stevige billen met tegelijkertijd een uitnodigend bovenlichaam, is daarbij niet van belang.

Goed dat je jezelf voor het grootste deel hebt kunnen losmaken van dit denkpatroon. Je bent heel tevreden met wat je van je ouders meegekregen hebt. Sport is wel belangrijk voor je, aan een gezonde voeding ontbreekt het ook niet, maar je hebt in ieder geval ook plezier in het leven. Je gaat alleen naar de fitness om een paar lastige pondjes weg te werken en als je er ook echt plezier in hebt. Per slot van rekening zorg je er niet alleen vanwege een bepaald schoonheidsideaal voor dat je goed in vorm blijft, maar vooral omdat je gezond wilt zijn. Je weet dat de schoonheid die ons in de reclame voor ogen wordt gehouden, weinig voorkomt in het werkelijke leven en ontsproten is aan de fantasie van een stelletje slimme marketingexperts. In het echt houden siliconenimplantaten, kleurlenzen, haarstukjes, een dikke laag make-up en – niet in de laatste plaats – digitale beeldbewerking op de computer het ideale schoonheidsbeeld in stand. Dat heb jij helemaal niet nodig! Jij accepteert jezelf door de bank genomen zoals je bent. Je zou hier en daar nog wel iets willen veranderen, maar je bent niet bereid daar voor te hongeren of jezelf daarvoor te kastijden.

Je hebt een gezonde relatie met je lichaam en een goed zelfbeeld. De ontspannen manier waarop je met je lichaam omgaat, komt voort uit het bewustzijn dat alles wat lichamelijk is ook heel natuurlijk is. Ook poedelnaakt zit je nog steeds goed in je vel, zonder dat je dat voortdurend wilt laten zien. Deze (meestal positieve!) zelfwaardering van je uiterlijk vindt haar weerspiegeling in je lichaamstaal. Jouw hele uitstraling laat zien dat je goed in je vel zit. Conclusie: zorg goed voor jezelf en verzin geen gemakkelijke uitvluchten als je gestrest bent en je jezelf – door je werk, partner en/of familie – geen tijd gunt om je lichaam te verzorgen. Want soms heb je de neiging liever op de bank te gaan liggen in plaats van jezelf te motiveren je in het zweet te werken. 'Je uit de naad werken' is niet altijd negatief bedoeld, maar kan ook betekenen dat je van de bank komt en iets gaat doen. Neem bewust de tijd om je lichaam in balans te brengen. Want je voelt je alleen helemaal fit als je in beweging bent en actief iets aan je uiterlijk doet. Sport is overigens niet alleen het beste middel tegen stress, maar ook de beste garantie om in vorm te blijven... tot op hoge leeftijd.

63 tot 90 punten
Je geniet van je leven zonder je dagelijks om de calorieën te bekommeren en jezelf te kastijden.

Een paar kilo's te veel op de weegschaal? Een paar zichtbare rimpels om de ogen? Plukjes grijs haar die er eerst nog niet waren? Geen probleem voor jou, want je accepteert jezelf zoals je bent! Veel mensen benijden je om het feit dat je zo ontspannen met je uiterlijk omgaat. Terwijl anderen zich in een fitnessstudio in het zweet werken, iedere dag de kilo's tellen, dure anti-verouderingspillen slikken en ongehoord veel geld uitgeven aan dure cosmetica, geniet jij gewoon van het leven. Lekker eten, een leuke vakantie, een leuke avond met een paar vrienden... Het is allemaal duizend keer leuker dan optimale vetwaarden en een betere Body-Mass-Index dan de doorsnee mens.

Je ligt niet overhoop met vetrolletjes en andere kleine schoonheidsfoutjes, maar je houdt je als op en top vrouw liever aan het gewicht waar je je lekker bij voelt. En dat is je aan te zien! Omdat je lichaam in evenwicht is met je geest, straal je zinnelijkheid uit. 'Zacht en vrouwelijk'. Die twee begrippen zijn waarschijnlijk voor honderd procent op jou van toepassing en dat schiet mannen bij jouw aanblik waarschijnlijk spontaan te binnen. Want natuurlijke gratie werkt nu eenmaal zonder uitgebreide cosmetische of modieuze hulpmiddelen...

Toch laat je je niet gaan: omdat je van je lichaam houdt, zorg je er ook goed voor. Je verwent het, soms met een lekkere bodylotion, een ontspannend bad met welriekende olie of een zachte peeling. De verzorging en aandacht die je je lichaam geeft, wordt weerspiegeld in je huid: aan je teint is te zien dat je tevreden bent met jezelf. Vooral in de zomer ben je lichamelijk en geestelijk in topvorm. Dat geldt weliswaar voor de meeste mensen, maar bij jou is een winterdepressie nog het duidelijkst zichtbaar aan je gewicht, letterlijk. In de koude wintermaanden heb je namelijk de neiging minder te letten op hoe je eruitziet en hoe zwaar je bent. Dan beweeg je minder en eet je (nog) meer dan anders. Dat leidt er weer toe dat je niet meer zo lekker in je vel zit... en uit pure frustratie nog meer gaat eten. Tegen deze vicieuze cirkel helpen alleen sport, plezier en zelfdiscipline! Geef jezelf dus in de winter – figuurlijk gesproken – af en toe een schop onder je achterste. Dat heeft niet alleen een positieve uitwerking op je humeur, maar ook op het gevoel voor je lichaam. Gegarandeerd!

Hoe ga je om met stress?

Stress is een natuurlijke toestand en als verdedigingsmechanisme van levensbelang. Maar niet alle stress is hetzelfde! Positieve stress, als gevolg waarvan je handelend optreedt, geeft het immuunsysteem een kick. Je wordt erdoor gemotiveerd en je prestatievermogen wordt groter. Negatieve stress daarentegen onderga je alleen maar, je kunt er niet actief iets aan doen, waardoor de afweer van je lichaam verzwakt. Als vrije energie niet wordt gebruikt, richt die zich tegen het eigen lichaam. Is de stresssituatie snel voorbij, dan kan het lichaam de negatieve gevolgen nog opvangen. Maar als de stresssituatie lang duurt, raakt het lichaam in een permanente staat van alarm en dat wordt op een gegeven moment te veel. Als de negatieve energie niet op tijd kan worden afgevoerd, leidt dit tot systematische overbelasting van het lichaam. Met onderstaande test kun je erachter komen of je jezelf te veel onder druk zet, snel in de stress schiet, dat probeert te vermijden of de stress juist doelgericht te lijf gaat. En je leert hoe je incidentele stress kunt afreageren, zodat die op de middellange termijn minder wordt en op de lange duur zelfs verdwijnt.

1. *Na een lange werkdag kom je op van de zenuwen en volledig uitgeput thuis. Wat doe je?*
a)   Ik eet iets, laat me op de bank vallen en zet de televisie aan.
b)   Ik laat het bad vollopen en ga er lekker in liggen, een boek lezen of naar rustgevende muziek luisteren.
c)   Ik ga sporten: naar de fitness, joggen of wandelen... in ieder geval iets aan beweging doen.

2. *Vervelende huishoudelijke karweitjes als schoonmaken, de was doen en strijken kunnen ook stress veroorzaken. Hoe vaak verschoon jij de bedden?*
a) Iedere week.
b) Iedere twee of drie weken.
c) Hoogstens één keer in de maand.

3. *Hoe wij reageren op stress ligt voor een belangrijk deel vast in onze genen. Oorspronkelijk was stress een reactie om te overleven, een reflexmatig vlucht- of aanvalsmechanisme. Als er gevaar dreigt, volgt bliksemsnel een mobilisering van de reserves. Alle beschikbare kracht wordt geactiveerd om een vermeende vijand te bestrijden: de hormonen adrenaline en cortison worden uitgescheiden; de bloeddruk, het hartritme en de adem- halingsfrequentie gaan omhoog; de spieren spannen zich en de hersenen werken op volle toeren. Welke inwendige of uiterlijk zichtbare stressreacties heb jij wel eens bij jezelf waargenomen?*
a) Bij stress voel ik me vaak leeg, machteloos en hulpeloos, waardoor ik verlamd raak.
b) Als ik heel zenuwachtig ben, wip ik van de ene voet op de andere of trommel met mijn vingers.
c) Als ik mij gestresst voel, raak ik snel geïrriteerd; ik word agressief zonder dat ik daar zelf erg in heb.

4. *De oorzaken van stress worden ook wel 'stressoren' genoemd: alles waar ons zenuwstelsel door overvoerd kan raken en wat als druk, een bedreiging of storend wordt ervaren. Wat zijn jouw sterkste stressoren, met andere woorden: waar raak jij het meest door belast en word je doodmoe van; waaraan erger jij je zo dat er erdoor van slag raakt?*
a) Concurrentie, conflicten met collega's, onenigheid met mijn chef, mislukkingen en onredelijk gedrag.
b) Tijdnood, grote haast, verkeerschaos, ruzies, luidruchtige discussies, boodschappen doen in spitsdrukte.
c) Als de telefoon voortdurend gaat, lawaai, ziekte in de familie, te weinig slaap, vervelend nieuws.

5. *Je chef heeft je de leiding gegeven over een belangrijk project en vraagt nu voortdurend hoe het met het project staat en of je het voor elkaar krijgt. Hoe ga je met die situatie om?*

a) Ik informeer mijn chef wel, maar doe dat kort en bondig, zodat hij merkt dat ik me gecontroleerd voel en dat hij op mijn zenuwen werkt.
b) Ik probeer hem zoveel mogelijk uit de weg te gaan en zijn vragen van me af te laten glijden.
c) Ik zeg hem vriendelijk – maar wel resoluut – dat ik verantwoordelijk ben voor het project en niet hij.

6. *Bij een vrijwillige cursus over 'communicatie binnen het bedrijf' wordt aan de hand van rollenspelen nagegaan hoe de deelnemers omgaan met conflictsituaties. Na de beoordeling blijk je het tot je grote verbazing heel slecht te doen. Welke conclusies trek je daaruit?*
a) Ik doe nooit meer vrijwillig mee aan zo'n cursus.
b) Ik probeer te bedenken hoe ik in de toekomst beter met conflicten kan omgaan.
c) Geen; wat heb je nu aan rollenspelen die mijlenver afstaan van het dagelijkse leven.

7. *Hoe ziet jouw ideale collega eruit?*
a) Ze moet een evenwichtige persoonlijkheid hebben, kalm van aard zijn en ook in stressituaties haar goede humeur niet verliezen.
b) Ze moet rechtlijnig zijn, eerlijk, fair en discreet.
c) Ze moet bereid zijn mij te helpen, zich niet drukken voor vervelende klusjes en het team waarin ze werkt met daadkracht ondersteunen.

8. *Bij de vervulling van een nieuwe vacature ben jij gepasseerd door je chef, ondanks het feit dat je je met hart en ziel inzet voor je werk en helemaal voldoet aan de functie-eisen. Hoe verwerk je deze teleurstelling?*
a) Ik probeer erachter te komen wie de functie wel heeft gekregen en waarom.
b) Ik stap onmiddellijk naar de ondernemingsraad!
c) Ik werk voortaan minder hard, want inzet wordt toch niet beloond.

9. *Hoeveel van de volgende uitspraken zijn op jou van toepassing?*
- [ ] 'Ik voel me vaak moe en uitgeput.'
- [ ] 'Ik heb vaak moeite met in slaap komen en doorslapen.'
- [ ] 'Ik ervaar mijn werk vaak als chaotisch en ineffectief.'
- [ ] 'Ik vind het heel moeilijk om alles wat er overdag gebeurd is op mijn werk 's avonds van me af te zetten.'
- [ ] 'Ik heb eigenlijk altijd wel ergens pijn.'
a) Hoogstens twee.
b) Drie tot vier.
c) Eigenlijk allemaal.

10. *Een collega maakt je al wekenlang het leven zuur: ze maakt je zwart bij je collega's, spreekt achter je rug om kwaad over je, maakt voortdurend hatelijke opmerkingen, intrigeert en stoort je bij je werk. Je hebt haar gedrag een tijdlang genegeerd, maar dat bleek niet te werken. Nu ben je het zat en wil je er eindelijk iets tegen doen. Wat doe je?*
a) Ik vertel onze chef wat er aan de hand is en vraag hem haar eens stevig toe te spreken.
b) Dit is psychische terreur! Ik zoek medestanders en betaal haar met gelijke munt terug.
c) Ik spreek mijn collega aan op haar unfaire gedrag en vraag haar waarom ze zo doet.

11. *Kost het je moeite in het weekend gewoon niets te doen?*
a) In principe niet, maar ik kan het me niet veroorloven niets te doen.
b) Nee, integendeel, het kost me moeite mezelf op te peppen om iets te gaan doen.
c) Ja, want ledigheid is des duivels oorkussen. Ik moet altijd iets te doen hebben.

12. *Iemand pikt voor jou de parkeerplaats in waar jij al een tijdje op staat te wachten. Wat is je reactie?*
a) Ik zorg dat hij er niet meer uit kan en parkeer mijn auto pal voor de zijne.
b) Ik vertel die idioot precies wat ik ervan vind!
c) Ik ben ontzettend kwaad maar laat niets merken, omdat ik

het de egoïst niet gun dat hij plezier heeft om mijn boosheid.

Testuitslag

	a	b	c	
Vraag 1	3	6	0	punten
Vraag 2	0	3	6	
Vraag 3	6	3	0	
Vraag 4	0	6	3	
Vraag 5	3	6	0	
Vraag 6	6	3	0	
Vraag 7	0	3	6	
Vraag 8	3	0	6	
Vraag 9	3	6	0	
Vraag 10	6	0	3	
Vraag 11	3	6	0	
Vraag 12	6	0	3	

0 tot 21 punten
Probeer iets aan je te grote belasting te doen!
Jouw leven lijkt in belangrijke mate uit stress te bestaan. Je
moet voortdurend geestelijk of lichamelijk in beweging zijn;
kalm aan doen en bewust nietsdoen is voor jou hetzelfde als
stilstaan. Je hebt de neiging alles zelf te willen doen en kunt
niets aan anderen overlaten. En je hebt heel duidelijk de
behoefte overal achterheen te zitten en alles te willen controleren. Maar daarmee vraag je te veel van jezelf en je omgeving.
Of lijkt het maar zo dat je voortdurend het gevoel hebt te
bezwijken onder de druk? Dat onderhuids de agressie aan je
vreet en dat je wanhopig de behoefte hebt nu eindelijk eens
lucht te geven aan je frustraties?
Wees eens eerlijk tegen jezelf: ben je zelf niet meestal de
oorzaak van de druk waaraan je jezelf voortdurend blootge-

steld voelt? Een combinatie van te hoge eisen aan jezelf stellen, het gevoel hebben dat je het beter moet doen dan anderen, ongeduld, perfectionisme, koortsachtige haast, een groot verantwoordelijkheidsgevoel en een sterke gerichtheid op de doelen die gesteld zijn, leiden inderdaad tot het gevoel voortdurend overbelast te zijn. Deze overbelasting uit zich bijvoorbeeld in steeds chaotischer handelen, een opeenstapeling van fouten, blokkades in het denken, concentratieproblemen en verminderde prestaties, een toenemende kans op ziekte, toenemende stressreacties (bijvoorbeeld hoge bloeddruk, hoofdpijn, nervositeit, hartkloppingen, spijsverteringsklachten, aanvallen van duizeligheid, overmatig transpireren). De nieuwste onderzoeksresultaten laten zien dat er een nauw verband bestaat tussen een hartstochtelijk streven naar succes aan de ene kant en aan heftige stressreacties en toenemende kans op ziektes van het vegetatieve zenuwstelsel – bijvoorbeeld hart- en vaatziekten – aan de andere kant. Zo neemt vooral ook het risico op een hartinfarct toe met een toenemende gevoeligheid voor stress.

Voortdurende stress is echter niet alleen medeverantwoordelijk voor het ontstaan van een groot aantal ziektes, hij kan ook indirect een negatieve uitwerking hebben. Mensen die het gevoel hebben voortdurend onder druk te staan, vertonen vaak ook nog eens gedrag dat hun gezondheid extra schade berokkent: ze roken vaker, eten ongezonder, drinken meer alcohol en nemen minder tijd voor sport en ontspanning.

Als je dit gedrag bij jezelf herkent – en ook de daarbijbehorende stressreacties – wordt het hoog tijd daar iets aan te veranderen! Te beginnen met een analyse van je persoonlijke situatie: hoe reageer jij op stress? Waar raak je het meest door gestrest? En hoe ga je daarmee om?

Bedenk overigens dat het juist de kleine ergernissen van alledag zijn die je gezondheid schaden.

Het is niet voldoende zo snel mogelijk van de stress af te komen – door bijvoorbeeld te sporten en te bewegen, eens wat vaker gezond te eten en jezelf bewust te ontspannen – en het daarbij te laten. Voordat je de stressverschijnselen te lijf gaat, moet je eerst achter de eigenlijke oorzaak van je stress zien te komen! Stel vast wat het probleem is waardoor je gestresst raakt en probeer uit te zoeken hoe het zover heeft kunnen komen. Bekijk daarna de mogelijke oplossingen en overleg bij jezelf wat andere mensen in soortgelijke situaties zouden doen. Weeg de voor- en nadelen van iedere oplossing af en probeer de beste uit in een concrete situatie. Bekijk daarna of de oplossing afdoende is.

Als je voortaan op die manier omgaat met stresssituaties (die eventueel te voorzien zijn), zul je merken dat je er niet hulpeloos aan bent overgeleverd. Je kunt in het leven weliswaar niet altijd alles veranderen, maar wel meer en veel vaker dan je denkt!

24 tot 48 punten
Je bent goed opgewassen tegen stress, maar er zijn wel grenzen

Alleen in extreme situaties heb je veel last van stress. Je weet precies waar je door gestresst raakt en of het te veel is. En je hebt geleerd dat je voor het grootste deel zelf schuldig bent aan jouw stress. Je bent dus op de goede weg. Vaak is het inderdaad een kwestie van 'hoe ga ik ermee om', die bepaalt wat je als stress ervaart en wat niet. Iemand die zich hulpeloos overgeleverd voelt aan de situatie, heeft meer last van stress dan iemand die het gevoel heeft de situatie meester te zijn. Doordat je weet wat je moet doen – of daar op zijn minst een vermoeden van hebt – reageer je relatief ontspannen op alledaagse stress. Je bent zelfs (tot op zekere hoogte) in staat af te schakelen of de scherpe kantjes ervan af te vijlen, als je dat zou willen. Je kunt bijvoorbeeld voortaan met het openbaar vervoer gaan reizen, als je bloednerveus wordt van de dagelijkse verkeerschaos op de wegen. Een voortdurend rinkelende telefoon kun je uitzetten, een schetterende radio zachter en vervelende klusjes kun je direct doen in plaats van ze zo lang voor je uit te schuiven, dat je in grote tijdnood komt.

Natuurlijk zijn er ook stresssituaties of gebeurtenissen waar je weinig of geen invloed op hebt. Daar moet je een systematische oplossing voor de lange termijn voor bedenken of je moet gewoon accepteren dat het zo is (bijvoorbeeld een ongeluk, ziekte, onverwacht ontslagen worden).

Sommige stressoren – de oorzaken van stress – laten zich ook niet zo makkelijk veranderen. Zo wordt bijvoorbeeld de druk om te presteren op je werk steeds groter, zonder dat je daar zelf echt invloed op kunt uitoefenen. Maar omdat jij ook grenzen hebt, moet je wel de tijd nemen om toch te proberen deze onvermijdbare dagelijkse stress af te bouwen, en ervoor zorgen dat je meer aankunt. Sport is daar een goed middel voor. Door te bewegen kun je je lichaam actief helpen negatieve stressenergie af te voeren. Passieve bezigheden als televisiekijken zijn niet geschikt om jezelf na een werkdag vol stress af te reageren. Je zult versteld staan hoe fris en ontspannen je jezelf voelt na bijvoorbeeld een badmintonwedstrijd, waar je na die vermoeiende werkdag eigenlijk helemaal geen zin meer in had. En zeg eens eerlijk: ben jij wel eens kwiek van de bank gestapt nadat je urenlang televisie had liggen kijken? Vast niet, omdat je veel te lang moe bent geweest!

Het lichaam reageert dus heel anders op actieve ontspanning. Het stimuleert het organisme, leidt tot een verlaging van de prikkelingsdrempel en een afname van psychosomatische klachten (zoals oorsuizen, spanningshoofdpijn en slaapstoornissen). Beproefde ontspanningstechnieken zijn bijvoorbeeld autogene training, yoga of progressieve spierontspanning. Probeer ze maar eens!

51 tot 72 punten
Te weinig uitdaging kan ook leiden tot stress!
Je bent ervan overtuigd dat mensen die aan stress lijden daar zelf schuld aan zijn. Dus loop je met een zo groot mogelijke boog om alles heen waardoor je lichamelijk of geestelijk onder druk zou kunnen komen te staan. Met deze instelling heb je inderdaad minder te lijden van typische stressverschijnselen dan mensen die een heel druk leven hebben. Als je ergens stress door ervaart, schuif je dat gewoon voor je uit...

of bij anderen op het bordje. Je bent zonder twijfel heel goed in delegeren. Maar dat lukt ook niet altijd. Aan de ene kant maak je jezelf door dit egoïstische gedrag niet bijzonder geliefd bij je medemens, aan de andere kant maak je het jezelf ook moeilijk. Als je voortdurend vervelende dingen voor je uit-schuift, groei je nooit eens boven jezelf uit en raak je op den duur gefrustreerd. En frustratie leidt weer tot stress. Boven-dien: zaken die van belang zijn kun je wel voor je uitschuiven, maar je zult ze toch een keer moeten doen.

Voel jij je dikwijls niet lekker in je vel zitten en ongemoti-veerd? Verveel je je vaak? Maak je vaak slordigheidsfouten en ben je eigenlijk bijna nooit tevreden met wat je bereikt? Dan wordt het tijd daar iets aan te veranderen! Als je motor bij voortduring te weinig toeren maakt en je lichamelijke en psy-chische krachten nooit volledig worden aangesproken, gaat je geestelijke raderwerk voortijdig roesten. Zet jezelf dus af en toe onder druk om te presteren, zodat je gemotiveerd blijft, je persoonlijke belastbaarheid hoger wordt en je goed gewa-pend bent tegen echte problemen. Stress is positief, alleen te veel maakt ziek! Permanent onvoldoende uitgedaagd worden leidt tot een voortgaande afname van prestatievermogen, zodat bij plotselinge stress of in extreme situaties een te sterke prikkeling kan ontstaan, die ten slotte uitmondt in vermin-derd prestatievermogen.

Dat is echter op tijd te voorkomen door jezelf te trainen in stresssituaties. Meld je aan als vrijwilliger wanneer er in de kring van collega's een rapport besproken wordt. Of als er een familiediner of een verre reis voor jou en je partner georgani-seerd moet worden. Iemand moet die vervelende klusjes toch doen? Waarom jij dan niet een keer? Leer om te gaan met stress in plaats van die helemaal te vermijden.

Ga stap voor stap te werk en plan vooral goed. Je hoeft er niet voor terug te schrikken anderen te vragen je te helpen, maar doe zelf ook eens het leeuwendeel van het werk!

Heb je greep op je leven?

Sommige mensen bloeien helemaal op als er paniek in de tent is, andere worden hels en raken compleet van slag als er dingen gebeuren die niet gepland waren. Houd jij in crisissituaties het hoofd koel of verlies je regelmatig het overzicht? En struikel jij op sommige dagen van de ene pechsituatie in de volgende ramp? Lopen de belangrijkste zaken bij jou op rolletjes of leef je meer volgens het motto van de Zwitserse toneelschrijver Friedrich Dürrenmatt (1921-1990): 'Hoe meer ik plan, hoe harder ik geconfronteerd wordt met de werkelijkheid!' Met behulp van onderstaande test kun je voor jezelf nagaan of je controle hebt over je leven.

1. Het is vrijdagavond. Je hebt het thuis gezellig gemaakt en dan gaat ineens de bel. Voor de deur staan twee vriendinnen die vragen of je zin hebt mee naar het café te gaan. Wat zeg je?
a) 'Geef me 10 minuten...'
b) 'Waarom hebben jullie niet eerst even gebeld?'
c) 'Gaan jullie maar vast, dan kom ik wel!'

2. Iemand klampt je op straat aan en vraagt hoe hij zo snel mogelijk bij het station komt. Hoe leg je dat uit?
a) Ik noem concrete herkenningspunten of maak een klein schetsje.
b) Met duidelijke gebaren wijs ik de weg.
c) Ik loop een eindje mee tot het station te zien is.

3. Heb je al plannen voor je volgende vakantie?
a) Ik heb nog geen idee; ik zie wel wat het wordt.
b) Ja, ik heb mijn vakantie al geboekt!
c) Nee, dat beslis ik liever op het laatste moment.

4. Je bent al een halve dag aan het werk achter de computer. Ineens begeeft hij het... en jij hebt bij hoge uitzondering eens niet gesaved. Dat betekent vier uur werk voor niets. Wat is je reactie?

a) Ik loop systematisch door het PC-programma; misschien heeft het ding toch alles automatisch opgeslagen.

b) Ik scheld tegen het beeldscherm en vervloek de moderne techniek.

c) Ik roep luid om hulp; één van mijn collega's kan me vast wel verder helpen.

5. Hoeveel van de volgende zinnen kun jij onderstrepen?

☐ Een huis zonder prulletjes en rommeltjes is veel te onpersoonlijk.

☐ Ik gooi nooit iets weg; je weet nooit waarvoor je het nog eens kunt gebruiken.

☐ Op mijn werkplek heeft alles zo zijn vaste plek, maar thuis lukt me dat absoluut niet.

☐ Als anderen hun rommel laten rondslingeren, word ik helemaal zenuwachtig, maar niet van mijn eigen rommel.

☐ Ik kom liever iets te laat voor een privé-afspraak dan te vroeg.

a) Allemaal.

b) Twee tot drie.

c) Hoogstens één.

6. Heb je wel eens de bus of de trein gemist?

a) Ja, maar daar was een goede reden voor.

b) Niet dat ik me kan herinneren.

c) Dat overkomt iedereen toch wel eens, of niet soms?

7. Hoe ga je om met vervelende klusjes in huis?

a) Die doe ik alleen maar als het echt nodig is; dat is namelijk het meest effectief.

b) Ik heb een vaste dag waarop ik opruim, poets, was en strijk.

c) Ik doe iedere dag een beetje, zodat ik aan het eind van de week alles gedaan heb.

8. Je hebt een paar gasten uitgenodigd voor een avondje barbecuen. Wanneer begin je met de voorbereidingen?

a) Een dag van tevoren.
b) De middag ervoor.
c) Ongeveer een uur voordat ik de barbecue aansteek.

9. Rijd je wel eens met het winkelwagentje anderen tegen de enkels?

a) Bij sommige wagentjes is dat bijna niet te voorkomen.
b) Het omgekeerde is juist het geval; sommige mensen kijken echt niet goed uit hun doppen!
c) Hoogstens op zaterdag, als het ontzettend druk is in de winkel en er veel wordt voorgedrongen.

10. Voor de kassa in de supermarkt staan drie rijen. In welke rij ga jij staan?

a) Dat hangt af van de lengte van de rij: de kortste dus.
b) Dat hangt af van de hoeveelheid boodschappen die de mensen voor mij in hun wagentje hebben liggen.
c) Dat hangt af van hoe snel de caissière werkt.

11. In het vliegtuig op weg naar je vakantiebestemming zit je vlak naast een aantrekkelijke man. Als de stewardess koffie brengt, gebeurt het: je kiept je aardige buurman een beker bruin vocht over zijn witte zomerbroek. Hoe red je jezelf uit deze situatie?

a) Ik verontschuldig me en probeer met mijn servet de boel zo goed en kwaad als het gaat op te deppen.
b) Ik bied direct aan de stomerijkosten te betalen.
c) Ik glimlach ontwapenend en benadruk nog eens dat ik normaal gesproken niet zo'n stoethaspel ben...

12. Je bent op weg naar een house-warming-party van een kennis, als je na 20 minuten ineens te binnen schiet dat het briefje met het exacte adres nog thuis ligt. Wat nu?

a) Ik keer om en ga het briefje halen.
b) Ik rijd door en vraag in de buurt wel waar ik moet zijn; het huis is vast wel te vinden.
c) Ik bel met de gsm de telefonische inlichtingen om aan het telefoonnummer te komen en op die manier ook het adres.

13. *Stel je voor: je hebt met je beste vriendin afgesproken in een café. Na een halfuur is ze er nog steeds niet. Wat denk je?*
a) 'Misschien is er iets tussengekomen...'
b) 'Misschien neemt ze wel wraak op me, omdat ze ook altijd op mij moet wachten.'
c) 'Nu is het genoeg! Ze is altijd te laat!'

14. *Wat doe je als je ineens zomaar twee uur tijd overhebt?*
a) Snel mijn afspraken omzetten, zodat ik de gewonnen tijd zinvol kan benutten.
b) Relaxen: lezen, met mijn vrienden bellen, televisiekijken of mezelf lekker ontspannen.
c) Dingen doen die ik de afgelopen dagen voor me uit heb geschoven.

15. *Je hebt bij een bouwmarkt een kast gekocht die je zelf in elkaar wilt zetten. Hoe ga je te werk?*
a) Ik laat het klusje over aan een aardig iemand die weet hoe hij dat moet doen.
b) Ik haal versterking, want als je een kast in elkaar wilt zetten, is één paar handen niet genoeg!
c) Ik lees goed de handleiding, dan kan er niets misgaan.

16. *Tijdens de lunch op het werk zie je dat je chef een klodder slasaus op zijn wang heeft. Wat doe je?*
a) Ik tip met een servet de bewuste plek op mijn eigen wang aan en glimlach veelbetekenend naar hem.
b) Ik blijf discreet en zeg niets. Op enig moment zal hij het zelf wel merken.
c) Ik zeg vriendelijk dat hij iets op zijn gezicht heeft zitten.

17. *Je bent heel blij met je nieuwe crèmekleurige leren bank... totdat vrienden met een kindje van twee bij je op bezoek komen en de kleine schattebout jouw prachtige nieuwe aanwinst ondersmeert met chocola. Wat is je reactie?*
a) Ik probeer rustig te blijven; ik ben tenslotte zelf ook klein geweest.

b) Ik probeer te bedenken hoe ik de vlekken er later weer uit kan krijgen.
c) Ik stel de ouders voor de handjes van de kleine schoon te maken.

18. *Na een heftige nacht met je geliefde ontdek je de volgende morgen in de spiegel dat je een knalrode zuigplek in je nek hebt. Wat doe je?*
a) Ik doe een sjaaltje om en probeer de plek zo te verbergen.
b) Niets, iedereen mag dit teken van onze liefde zien!
c) Ik probeer de plek zo goed en zo kwaad als dat gaat met make-up te verbergen.

Testuitslag

	a	b	c
Vraag 1	0	6	3 punten
Vraag 2	6	3	0
Vraag 3	3	6	0
Vraag 4	6	0	3
Vraag 5	0	3	6
Vraag 6	3	6	0
Vraag 7	0	3	6
Vraag 8	6	3	0
Vraag 9	0	6	3
Vraag 10	0	3	6
Vraag 11	0	6	3
Vraag 12	0	3	6
Vraag 13	3	0	6
Vraag 14	6	0	3
Vraag 15	0	3	6
Vraag 16	3	6	0
Vraag 17	0	3	6
Vraag 18	6	0	3

0 tot 36 punten
Probeer een beetje orde in je leven te scheppen

Je hebt een bepaalde mate van chaos nodig om je lekker te voelen. Regeltjes, principes en voorschriften beperken je te veel. Omdat je spontaan en impulsief bent, haat je het je leven te plannen en altijd vooruit te denken. En omdat jouw leven voortdurend verrassingen kent, verveel je je zelden. Je bent daarom veel meer bezig met het heden, dan serieus naar de toekomst te kijken. Je bent er vast van overtuigd dat de meeste dingen in het leven vanzelf geregeld worden en vertrouwt daarbij graag op anderen. Jouw motto is: het komt, zoals het komt; waarom zou ik me daar het hoofd over breken? In je privé-leven kom je met deze instelling inderdaad een heel eind. Je bent geliefd en graag gezien. Mensen voelen dat je een hart hebt en dat je alles met passie doet... Soms echter zonder na te denken over de mogelijke consequenties. Je handelt vanuit de onderbuik en vertrouwt op je gevoel. Dat zorgt ervoor dat je een levenskunstenaar bent en een lieve chaoot.

Maar helaas is het ook in je binnenste een chaos. Je hebt vaak last van stemmingswisselingen, zelfs wanneer het om de liefde gaat. In dat geval helpt maar één ding: neem je gevoelens onder de loep en zet voor jezelf duidelijk op een rijtje wat je nu echt wilt. Ook al denk je alles in orde te hebben, in je werk zou het beter zijn wat meer vooruit te kijken. Zonder concrete plannen kan je carrière een rommeltje worden. Houd je dus aan bepaalde spelregels.

Stel jezelf doelen die zonder al te veel moeite haalbaar zijn. Om te voorkomen dat je iemand op zijn tenen trapt, kun je voortaan beter eerst nadenken voor je iets zegt. Niet iedereen vindt mensen leuk die – net als jij – het hart op de tong dragen! Ook is niet iedereen gecharmeerd van mensen die altijd te laat komen. Juist op het werk is het belangrijk dat je discreet, tactvol en betrouwbaar bent. Met name als het gaat om het slechten van de hindernissen in het leven van alledag, zou je het jezelf veel gemakkelijker kunnen maken. Of overkomt jou soms niet de onmogelijkste dingen? Ben je niet voortdurend op zoek naar dingen die van de aardbodem verdwenen lijken te zijn? En gebeurt het niet vaak dat je moet uitleggen waarom je weer eens iets belangrijkst vergeten bent?

Probeer een beetje orde in de chaos in je leven te scheppen. Als je het dagelijkse leven beter wilt organiseren, kun je bijvoorbeeld een rooster maken en briefjes. Schrijf in je agenda de deadline van de opdrachten die je af moet hebben. En schrijf de afspraken die je absoluut niet mag vergeten óók op een briefje, dat je op het prikbord of de deur van de koelkast hangt. Om geen belangrijke brieven en dergelijke kwijt te raken, kun je ze in een la, een ordner of een doos doen. Schrijf daar wel op wat er inzit! Je hoeft niet direct fanatiek alles op te ruimen, maar het helpt wel als je een duidelijk beeld in je hoofd hebt waar alles te vinden is, zodat je overzicht krijgt, op welk gebied dan ook!

39 tot 72 punten
Probeer kalm te blijven als je in een crisissituatie terechtkomt!
Je hebt uitstekend greep op je leven. Je kunt goed organiseren, kijkt vooruit en drijft op routine. Natuurlijk vergeet je ook wel eens iets of zoek je soms vertwijfeld naar spullen die er zonet nog waren. En je komt ook wel eens te laat op een afspraak. Maar als het belangrijk is, ben je (bijna) altijd op tijd. Op je werk vertrouwen ze voor honderd procent op jou. Je weet wat belangrijk is en kunt hoofdzaken onderscheiden van bijzaken. Daardoor ben je enerzijds goed in staat jezelf niet onnodig op te jagen door absoluut perfect te willen zijn, en aan de andere kant te voorkomen dat je in chaos ten onder gaat.

Dat je overal goed zicht op hebt, is het resultaat van een goede innerlijke balans. Je bent in evenwicht met jezelf. Maar als je uit balans raakt, is dat ook te zien aan de (dagelijkse) dingen die je doet. Wanneer je innerlijk in beroering bent, vind je het moeilijk je hoofd koel te houden, je te blijven concentreren en niet af te dwalen. Dat is echter niet zozeer een gebrek, maar veeleer een natuurlijke reactie, omdat mensen nu eenmaal geen machines zijn die met een druk op de knop aan of uit kunnen worden gezet.

Probeer rustig te blijven en je gevoel voor humor niet te verliezen als er iets fout gaat of wanneer je pech hebt. Het is een schrale troost: zelfs sterren, politici en gekroonde hoofden ontkomen niet aan pech en blunders maken. Maar terwijl deze mensen in het openbare leven voortdurend in de schijnwerpers staan, hebben mensen die dat niet doen het voordeel dat hun fouten niet zo snel worden ontdekt. Met andere woorden: wat jij soms heel pijnlijk vindt, merken anderen vaak niet eens op. Schiet dus niet in een kramp bij kleine foutjes, maar probeer kalm te blijven – onder het motto: zo, en nu goed. Toegegeven: dat is gemakkelijker gezegd dan gedaan, maar juist in crisissituaties van levensbelang!

Vaak is kalme rust de juiste weg naar succes. Je hebt vast wel eens ervaren dat je juist nog meer fouten maakt als je heel krampachtig probeert die te vermijden. Hoe meer je probeert op de juiste manier te handelen, hoe gemakkelijker je iets fout doet. Het is een vicieuze cirkel. Daar uitkomen lukt alleen door diep adem te halen, je af te sluiten van de buitenwereld, je te ontspannen en het dan nog eens te proberen. Veel succes ermee!

75 tot 108 punten

Alleen wanneer je alles onder controle hebt, voel je je zeker van jezelf
Als jij in je werk een lastig probleem hebt, heb je altijd meteen de juiste oplossing. Wanneer er bij jou thuis iets kapot gaat, ligt er altijd wel een reserveonderdeel klaar. En als een plan gewijzigd moet worden, werk je zonder aarzelen aan een alternatief. Je bent een absoluut organisatietalent en voorbereid op allerlei mogelijke eventualiteiten in het leven. Chaos en een gebrek aan tijd zijn jou onbekend. Zelfs op het meest kritische moment verlies je niet het overzicht, maar vind je altijd wel een uitweg. Je neemt graag het initiatief, bent niet bang om beslissingen te nemen en aanvaardt de consequenties van wat je doet.

Aan dit gevoel altijd alles onder controle te hebben, ontleen je je zekerheid. Je voelt je daarentegen uitermate onzeker als iemand anders het roer overneemt. Ben je een slechte passagier? Of krijg je klamme handen als je dingen moet overlaten aan iemand die in jouw ogen nog maar net komt kijken? En ga je misschien ook nooit eten in een restaurant dat op het eerste gezicht vies lijkt?

Jouw levensmotto is: vertrouwen hebben is goed, controle beter. Jij bent ervan overtuigd dat de chaos in je omgeving het rechtstreekse gevolg is van de chaos in de wereld, en denkt: alleen als ik de touwtjes in handen neem, komt alles in orde. Maar ook bij jou gaat het wel eens mis. Toch is dat geen reden voor paniek. Als je af en toe de teugels laat vieren, het leven wat meer op zijn beloop laat en in plaats van honderd procent eens negentig procent geeft, zul je merken dat de wereld niet direct ten onder gaat omdat jij nu eens niet alles regelt. Laat belangrijke dingen ook eens over aan anderen en je zult tot de belangrijke ontdekking komen dat het heerlijk is jezelf af en toe vrij en ongedwongen te voelen.

Je hoeft niet altijd perfect te zijn. Dat lukt niemand! Beschouw het leven als een leerproces, iedere dag opnieuw! Een beetje meer spontaniteit zou je ook niet misstaan. Integendeel, verrassingen kunnen je leven een nieuwe impuls geven. En probeer wat toleranter te zijn! Niet iedereen is zo gewetensvol als jij. Als je niet meer rekening met anderen houdt, loop je het gevaar hen met je perfectionisme te veel onder druk te zetten. Want tegen jouw hoge maatstaven en verwachtingen is bijna niemand opgewassen. Knijp dus af en toe een oogje dicht als je te maken hebt met een toevallige samenloop van omstandigheden, iemand die een fout maakt, of gewoon pech. Je zult erom gewaardeerd worden!

Wens en werkelijkheid

Hoe creatief ben je?

Een fantasierijk schilderij maken, een ontroerend gedicht schrijven, een prachtig kledingstuk ontwerpen... Er zijn talrijke mogelijkheden creatief te zijn. Maar je hoeft niet direct een groot dichter, filosoof of ontwerper te zijn om creativiteit te ontplooien. En je hoeft niet per se door een muze gekust te worden om je verborgen talenten te ontdekken en ingenieuze dingen te produceren. Creatief zijn betekent dat je verder kijkt dan je neus lang is, visioenen hebt en de moed hebt anders te zijn dan anderen, algemeen aanvaarde denkbeelden te doorbreken en risico te nemen. Creativiteit begint al gewoon in het dagelijkse leven, door tijd te nemen om merkwaardige ideeën en vreemde invallen te bestuderen. Ook voor onderstaande kleine creativiteitstest heb je wat tijd nodig, en bovendien een stift, een vel papier en een horloge. Succes ermee...

1. *Je hebt tijdens een telefoongesprek, een vergadering of bij andere gelegenheden vast wel eens een stuk papier verfraaid met allerlei mogelijke kriebeltjes. Probeer je eens te herinneren welke motieven je daar meestal voor gebruikte. Welke waren dat?*
a) Bloemen, dieren, mensen en landschappen.
b) Huizen, lijnen en hoekige geometrische figuren.
c) Spiralen, cirkels, symbolen en fantasiebouwwerken.

2. *Voor deze vraag heb je het vel papier, de stift en het horloge nodig. Teken zes even grote vierkanten op het papier. Je hebt precies drie minuten de tijd om van elk vierkant een voorwerp te tekenen. Maak van zoveel mogelijk vierkanten een tekening. Stop daarna de tijd. Hoeveel vierkanten heb jij in een voorwerp veranderd?*

a) Een tot twee.
b) Drie tot vier.
c) Vijf tot zes.

3. Nu mag je uitproberen hoe je journalistieke vaardigheden zijn. Probeer voor het volgende krantenbericht een pakkende kop te bedenken: 'Amerikaanse biologen hebben een uniek zintuig ontdekt bij reptielen. Krokodillen herkennen hun buit niet met de ogen of de oren, maar met de onderkaak. Daar hebben ze tot nu toe niet-ontdekte receptoren zitten.'
a) 'Onderzoekers hebben ontdekt: krokodillen jagen met receptoren.'
b) 'Verbluffend: krokodillen "zien" met hun kaak.'
c) 'Tot nu toe onbekend zintuig ontdekt bij alligators.'

4. Ook astronomen doen ijverig onderzoek. Ze hebben ontdekt dat het maanoppervlak tijdens eb en vloed tot wel tien centimeter daalt en weer omhoogkomt. Welke conclusie moet je daar volgens jou aan verbinden?
a) Dat het binnenste van de maan vloeibaar is.
b) Dat de maan vervormt en op een gegeven moment niet meer rond zal zijn.
c) Dat de maan lijkt op de aarde.

5. Probeer zoveel mogelijk complete zinnen met vier woorden te maken, die met de letters van een bepaald woord beginnen. Voorbeeld: uit het woord ROOS kun je de volgende zinnen met vier woorden afleiden, die de lettercombinatie 'R', 'O', 'O' en 'S' bevatten ('Ria ontmoet oma straks', 'Roos organiseert ouderwetse spelletjesavonden', 'Richard observeert onvermoede schatten', 'Rick ontleedt oude schepen'. Probeer hetzelfde met het woord HART. Hoeveel zinnen met steeds vier nieuwe woorden in de lettervolgorde 'H', 'A', 'R' en 'T' kun jij in vier minuten maken?
a) Hoogstens twee.
b) Drie.
c) Minstens vier.

6. Je gaat voor de eerste keer koken voor je geliefde. Wat zet je op tafel?
a) Het geheime lievelingsgerecht van mijn oma. Daar slaat hij stijl van achterover!

b) Ik zoek in het kookboek naar een bijzonder recept, dat ik naar mijn smaak aanpas.
c) Iets exotisch: sushi of een heerlijk gerecht uit de wok.

7. Je droomberoep is modeontwerper. Bij welke van de volgende ontwerpers/-sters zou jij graag eens een blik over de schouder werpen of een modeshow bezoeken?
a) Christian Dior.
b) Jean Paul Gaultier.
c) Vivienne Westwood.

8. Archeoloog is ook een bijzonder beroep. Wat zou jou het meeste aantrekken in deze job?
a) De geschiedenis van dichtbij beleven en duizenden jaren van geheimen aan het daglicht brengen.
b) Mezelf ingraven in een andere wereld en alles om me heen vergeten.
c) Interessante mensen uit avontuurlijke landen leren kennen.

9. Lees de volgende zinnen:
☐ 'Ik ben 's morgens meestal vergeten wat ik 's nachts gedroomd heb.'
☐ 'Mijn garderobe is volgens de laatste mode.'
☐ 'Ik vind kruiswoordraadsels slaapverwekkend.'
☐ 'Ik houd niet zo van bordspelletjes.'
☐ 'Van geneuzel word ik niet warm.'
☐ 'Drinken uit een kop en schotel vind ik niet lekker.'
☐ 'In de bioscoop zit ik het liefst helemaal achterin.'
Hoeveel van deze uitspraken zijn op jou van toepassing?
a) Hoogstens een.
b) Twee tot vier.
c) Minstens vijf.

10. Kleine dingen zijn vaak voor meer dingen te gebruiken dan je denkt! Een cent kun je bijvoorbeeld gebruiken als schroevendraaier, tolletje, om het toetsenbord van de computer mee schoon te maken, plakresten af te krabben

of een colafles mee open te maken (moet je wel handigheid in hebben). Kun je bedenken wat je allemaal met een lege wc-rol kunt doen? Je hebt twee minuten de tijd om een aantal mogelijkheden te bedenken! Hoeveel functies kun jij bedenken voor het papieren rolletje?

a) Nog net één.
b) Precies twee.
c) Minstens drie.

11. Welk woord schiet je spontaan te binnen bij de kleur rood?

a) Energie.
b) Hartstocht.
c) Gevaar.

12. Je doet mee aan een tv-programma, waarvoor je een week alleen op een verlaten eiland moet zitten. Je krijgt wat proviand en een basisuitrusting mee. Daarnaast mag je nog iets tegen de verveling meenemen. Wat kies je?

a) Een schrijfblok en een goede balpen.
b) Een cd-speler en mijn lievelingscd's.
c) Het boek dat ik altijd nog van plan was te lezen.

Testuitslag

	a	b	c	
Vraag 1	6	0	3	punten
Vraag 2	0	3	6	
Vraag 3	0	6	3	
Vraag 4	6	0	3	
Vraag 5	0	3	6	
Vraag 6	0	6	3	
Vraag 7	0	3	6	
Vraag 8	3	6	0	
Vraag 9	6	3	0	
Vraag 10	0	3	6	
Vraag 11	3	6	0	
Vraag 12	6	0	3	

Wens en werkelijkheid

0 tot 21 punten
Stel eens wat vaker dingen ter discussie!

Het is zeker niet zo dat je niet creatief bent. Er sluimert in jou een groot creatief potentieel, dat alleen maar aangesproken hoeft te worden. Maar je creativiteit wordt vooralsnog belemmerd door ingesleten denkpatronen. Je blijft liever op de platgetreden paden in plaats van nieuwe wegen in te slaan. Maar als je eerlijk bent, ervaar je die ingesleten gewoontes ook als ballast. Je hebt zelf al een vermoeden dat je door je eigen negatieve gedachten geblokkeerd wordt bij het ontwikkelen en uitvoeren van – vast en zeker heel goede – ideeën. Bevrijd jezelf daarvan. Zeg niet meer 'dat kan ik niet' en 'dat gaat niet'. Zeg in plaats daarvan: 'Ik weet nog niet of het gaat lukken, maar ik zal het in ieder geval proberen!' Want als je er al bij voorbaat van overtuigd bent dat je ideeën sowieso niets opleveren, zet je jezelf buitenspel. Je creatieve denken wordt ook gehinderd doordat je bang bent voor gek te staan als je iets raars zegt. Probeer over je angst voor mislukkingen heen te stappen en laat zien dat je risico durft te nemen. Alleen mensen die durven experimenteren, ongewone dingen wagen te doen en de moed hebben fouten te riskeren, krijgen nieuwe impulsen... En die fouten zijn de belangrijkste voorwaarde voor creativiteit. Dus: wees niet langer bang met domme ideeën te komen!

Stress is (naast angst en negatieve gedachten) overigens ook een grote creativiteitskiller. Laat je bij creatieve processen niet onder druk zetten, maar probeer je eigen tempo aan te houden. Als je voortdurend probeert van tevoren vastgestelde doelen te bereiken, blijven er onderweg een hoop ongebruikte ideeën liggen! Dat gebeurt trouwens ook als je de competitie probeert aan te gaan. Door overdreven ambitieus en voortdurend de beste te willen zijn, ontneem je jezelf het zicht op het uiteindelijke doel. Word je ervan bewust dat het in het leven gaat om de weg naar het doel toe en niet om de uiteindelijke overwinning. Je motivatie voor creativiteit mag dus niet de beloning – lees: de erkenning – zijn, maar het plezier in wat je doet!

Je intuïtie kan je ook helpen je creativiteit tot bloei te laten komen. Helaas luister je te vaak naar het stemmetje binnenin jezelf en ga je liever op zeker. Dat wil zeggen: je verstand voert de boventoon. Daardoor laat je soms een spontane ingeving liggen en misschien ook wel een of ander geniaal idee. Probeer vaker dwars te liggen, je niet aan de regels te houden en dingen ter discussie te stellen. Jezelf aanpassen en trouw je plicht vervullen zijn vaak een grote hinderpaal voor een vrije gedachtestroom. Vertrouw vooral meer op jezelf en eigen ideeën!

24 tot 45 punten
Wees niet bang fouten te maken!

Je bent nieuwsgierig, spontaan en open. Daarmee voldoe je aan de belangrijkste voorwaarden om creatief te zijn. Je hebt veel goede ideeën en staat open voor nieuwe ervaringen. Wat je nu nog nodig hebt, is uithoudingsvermogen om je ideeën te realiseren, want helaas laat je jezelf te vaak ontmoedigen. Zodra je een hindernis op je weg vindt, heb je er geen zin meer in. Dan heb je geen puf meer om het project waar je mee bezig bent tot een goed einde te brengen. Waarom geef je zo snel op? Het ergste wat je bij het realiseren van je ideeën zou kunnen overkomen, is dat je fouten maakt. Is dat nu echt zo erg? Creatieve mensen maken nu eenmaal meer fouten dan anderen... Omdat ze vaker iets uitproberen en grotere risico's nemen. Met andere woorden: zonder fouten kom je niet verder! Wees dus niet te voorzichtig en richt jezelf ook op andere dingen dan die reëel haalbaar zijn.

Oefen geduld en houd vol. Gooi niet direct een goed idee op de schroothoop omdat je het in eerste instantie niet in iets concreets kunt omzetten. Gun jezelf de tijd en laat het idee bij een onverwachte tegenslag een paar dagen rusten en bezinken. Na deze korte adempauze kun je dan met fris elan en op een andere manier je 'oude' idee een nieuwe impuls geven. Gun jezelf een creatieve rustpauze als je het gevoel hebt dat je te veel hooi op je vork neemt. En neem jezelf niet te veel voor. Je bereikt het meeste als je jezelf tussentijdse doelen stelt.

Wens en werkelijkheid

Denk in etappes en neem kleine stapjes op weg naar dat ene, grote doel. Want een hectisch bestaan is de doodsteek voor iedere vorm van creativiteit!

48 tot 72 punten
Je wordt aangemoedigd door mislukkingen en tegenslag

Het lijkt of je nooit uit het veld bent te slaan. Je loopt over van goede ideeën en hebt originele ingevingen, bent zeer geëngageerd en gemotiveerd en hebt een uitermate goed uithoudingsvermogen. Om in topvorm te raken heb je voortdurend nieuwe impulsen nodig. En omdat je heel open staat voor afwijkende meningen, maak je zoveel verrassende dingen mee, dat je weer nieuwe aparte ideeën krijgt.

Tegelijkertijd beschik je over de nodige energie de doelen die je jezelf gesteld hebt ook inderdaad te realiseren. Daarom ben je voortdurend bezig, pas je jezelf niet graag aan en zwem je liever tegen de stroom in dan dat je opgaat in de grote massa. Mislukkingen en tegenslag inspireren je tot nieuwe ideeën en stuwen je op tot nieuwe hoogten. In jou huist een rebel die voortdurend op scherp staat.

Met jouw spontaniteit en elan weet je anderen vaak mee te krijgen en stimuleer je hen indrukwekkende prestaties neer te zetten. In jouw aanwezigheid stijgen mensen boven zichzelf uit. Maar verwacht niet dat iedereen je enthousiasme en uithoudingsvermogen deelt. Jouw creativiteit is namelijk soms ook heel vermoeiend! Gun anderen af en toe een kleine rustpauze. Ook uitgesproken creatieve mensen hebben soms rust nodig! Bovendien heeft niet iedereen dezelfde talenten en is niet iedereen even moedig als jij. Pas op dat je geen buitenstaander wordt. Probeer je doelen te verwezenlijken, maar dwing je vrienden, collega's en levenspartner niet dezelfde weg te gaan. Spoor de ander liever aan zijn eigen ideeën te ontwikkelen in plaats van met de tong uit de mond achter jou aan te rennen...

Heb je een zesde zintuig?

Sommigen noemen het intuïtie, anderen instinct. In ieder geval lijken sommige mensen te beschikken over een bijzonder voorgevoel, een soort innerlijk waarschuwingssysteem dat hun handelen onbewust stuurt en hen beschermt tegen vermeende gevaren. Veel mensen zijn ervan overtuigd dat het werkelijk bestaat, het geheimzinnige 'zesde zintuig'. En waarom zou er naast het gezichtsvermogen, de tast en het gehoor, de reuk en de smaak én het evenwichtsorgaan niet daadwerkelijk nog een buitengewoon zintuig bestaan, dat min of meer boven deze vijf zintuigen zweeft en daardoor buiten ons voorstellingsvermogen ligt? Bij onderstaande test gaat het er echter niet om te ontdekken of je misschien bovennatuurlijke krachten bezit, maar we proberen uit te vinden of je innerlijke antenne goed afgesteld staat. Dus: luister je naar je innerlijke stem of vertrouw je liever op je verstand in plaats van op je gevoel? Sta je open voor dingen die onverklaarbaar zijn of ban je dingen die je niet kunt uitleggen naar het rijk der fabelen? Waag je aan de test!

1. *De parapsychologie houdt zich als niet onomstreden zijpad van de psychologie bezig met fenomenen die buiten onze zintuiglijke waarneming plaatsvinden. Ben jij geïnteresseerd in dergelijke wetenschappelijke randgebieden?*
a) Ik ben zeer geïnteresseerd in dergelijke buitenzintuiglijke verschijnselen.
b) Niet zo, ik vind het te ver gezocht en verdacht, en het staat te ver af van serieus wetenschappelijk onderzoek.
c) Tot op zekere hoogte: aan de ene kant fascineert het me, aan de andere kant ben ik er ook wel bang voor.

Wens en werkelijkheid

2. *Geloof jij dat er mensen zijn die dingen kunnen (voor)zien die anderen niet zien?*
a) Nee, niemand kan in de toekomst kijken, ook helderzienden niet.
b) Ja, sommige mensen zijn helderziend.
c) Wie weet... Het menselijk brein is misschien wel tot meer in staat dan wij denken.

3. *Welke rol speelt het weer in jouw leven?*
a) Afhankelijk van de situatie; in sommige situaties is mijn stemming afhankelijk van het weer.
b) Als de zon stralend aan de hemel staat, bloei ik helemaal op, net als de meeste andere mensen.
c) Een belangrijke rol: het heeft invloed op mijn stemming, gevoel van welbevinden en innerlijk evenwicht.

4. *Volgens het woordenboek is telepathie 'het overbrengen van gedachten en gevoelens van personen op een afstand zonder zinnelijk waarneembare middelen', 'werking op afstand zonder lichamelijk contact'. Kun jij je situaties voorstellen waarin gedachten op die manier worden overgebracht?*
a) Bij eeneiige tweelingen die ruimtelijk van elkaar gescheiden zijn.
b) Als je in een extreme situatie heel sterk aan iemand denkt.
c) Nee, daar geloof ik namelijk niet in.

5. *De maan heeft niet alleen een magische aantrekkingskracht op de zee, ook mensen heeft hij al sinds mensenheugenis in zijn ban. Vooral vrouwen zouden heel gevoelig zijn voor de maan, niet in de laatste plaats omdat de cyclus van de maan sterk overeenkomt met de menstruatiecyclus van de vrouw. Merk jij ook wanneer het volle maan is?*
a) Ja, dan slaap ik bijvoorbeeld onrustiger dan andere nachten.
b) Soms, bij volle maan is een aantal mensen heel snel geïrriteerd.
c) Alleen als ik 's nachts buiten ben, omdat het dan duidelijk lichter is dan anders.

6. *Merk jij het als iemand tegen je liegt?*
a) Hangt ervan af hoe goed of slecht hij/zij liegt.
b) Moeilijk te zeggen; dat blijkt meestal pas als de waarheid aan het licht komt.
c) Ja, dat kan ik aan zijn/haar ogen zien!

7. *Kun jij je 's morgens nog herinneren wat je 's nachts gedroomd hebt?*
a) Meestal wel en dan probeer ik na te gaan wat het zou kunnen betekenen.
b) Soms, als ik heel zwaar gedroomd heb.
c) Als ik het me al kan herinneren, dan meestal maar even.

8. *Herken je deze situatie: je wilt de telefoon pakken om iemand te bellen en ineens bliept hij vanzelf.*
a) Ja, dat overkomt me weleens, en altijd bij dezelfde persoon.
b) Dat overkomt me heel vaak.
c) Nee, dat gebeurt hoogstens bij een mobieltje met trilalarm.

9. *Dieren vertrouwen van nature op hun instinct om te overleven. Maar niet alleen in het wild volgen dieren instinctief impulsen vanbinnen of van buitenaf. Zo reageren sommige huisdieren bijvoorbeeld heel gevoelig op het naderen van een onweersbui. Bij welke huisdieren is het instinct volgens jou het sterkst ontwikkeld?*
a) Bij paarden.
b) Bij honden.
c) Bij katten.

10. *Je laat de hond van je buurvrouw uit. Ze heeft je verzekerd dat het beest goed luistert. Maar als een man jullie voorbij jogt, begint de hond agressief te blaffen en rukt hij zich bijna los. Welke gedachte schiet op dat moment door je hoofd?*
a) 'Hoezo goed luisteren... Het beest is hartstikke gevaarlijk!'
b) 'Er is vast iets niet in orde met die man.'
c) 'Vreemd eigenlijk dat honden niet van joggers houden.'

11. Een nogal excentrieke vriendin vertelt je dat ze uitgenodigd is voor een spirituele bijeenkomst met een medium. Wat is je reactie?
a) Ik ben nieuwsgierig en vraag of ik met haar mee mag.
b) Ik moet erom lachen en wens haar veel plezier bij het bezweren van geesten en turen in een glazen bol!
c) Ik ben ontzet en raad haar dringend af er naartoe te gaan!

12. Heb jij iets wat geluk brengt of een talisman?
a) Jawel, een symbolisch cadeautje van iemand die me heel dierbaar is.
b) Ja, een heel bijzondere steen die ik altijd bij me draag.
c) Nee, geluk kun je niet afdwingen.

13. Ben je vaak teleurgesteld in de liefde?
a) Ja, helaas wel, op de een of andere manier sla ik altijd de verkeerde aan de haak.
b) Niet zo vaak, misschien één of twee keer.
c) Eigenlijk nog nooit; ik mag niet klagen.

14. Jij alleen moet een belangrijke beslissing nemen. Het antwoord is uitsluitend ja of nee. Wat bepaalt uiteindelijk hoe de beslissing uitvalt?
a) Het gevoel in mijn buik: ik doe datgene wat het eerste in mij opkomt.
b) De argumenten: ik weeg alle voor- en nadelen zorgvuldig af.
c) Ik wacht op een teken of gooi desnoods een euro op.

15. Je kijkt in je agenda en ziet dat je uitgerekend op vrijdag de 13e een afspraakje hebt waar je heel lang naar uitgekeken hebt. Welke gedachte schiet je het eerst te binnen?
a) We kunnen de afspraak beter verschuiven.
b) Makkelijk te onthouden, die datum vergeet ik niet zo snel.
c) Laten we het maar als een goed voorteken beschouwen, misschien is het onze geluksdag wel.

16. Het afspraakje was geweldig, aan beide zijden is de vonk overgesprongen. Jullie zijn allebei tot over je oren verliefd en zouden graag

willen weten of jullie geluk een lang leven beschoren is. Je vriendin is toevallig een tarotexpert en biedt aan haar kaarten voor jou te leggen. Vol goede moed ga je in op haar aanbod. Welke vraag stel je haar het eerst?
a) 'Is hij de juiste man voor mij?'
b) 'Welke invloed zal hij op mijn leven hebben?'
c) 'Houdt hij echt van mij?'

17. Met welke trucjes werken volgens jou waarzeggers en handlezers die geld voor hun diensten vragen?
a) Ze houden zich vast aan concrete aanknopingspunten en laten zich vervolgens leiden door spontane ingevingen.
b) Hun truc is mensenkennis: ze analyseren de persoonlijkheidsstructuur van hun klanten.
c) Ze doen zoveel mogelijk algemene uitspraken over de toekomst, die niet te controleren zijn.

Testuitslag

	a	b	c	
Vraag 1	6	0	3	punten
Vraag 2	0	6	3	
Vraag 3	3	0	6	
Vraag 4	3	6	0	
Vraag 5	6	3	0	
Vraag 6	3	0	6	
Vraag 7	6	3	0	
Vraag 8	3	6	0	
Vraag 9	3	0	6	
Vraag 10	0	6	3	
Vraag 11	6	3	0	
Vraag 12	3	6	0	
Vraag 13	0	6	3	
Vraag 14	3	0	6	
Vraag 15	6	0	3	
Vraag 16	0	6	3	
Vraag 17	6	3	0	

Wens en werkelijkheid

0 tot 27 punten
Misschien kent het leven wel veel meer geheimen dan jij denkt!
Jouw wereld wordt bepaald door datgene wat beredeneerbaar, logisch en te voorzien is. Ongrijpbare zaken waar je een ongemakkelijk gevoel bij krijgt of die niet vallen binnen je waarnemingsvermogen, horen daar niet bij. Raadsels kunnen worden opgelost en geheimen ontsluierd... Vind jij. Jouw levensmotto: je gelooft alleen datgene wat je kunt zien. Maar dat is niet geloven, dat is zeker weten! Denk je echt dat alles wat tussen hemel en aarde gebeurt alleen met je verstand of een zakjapanner na te rekenen is? Zou het leven niet veel meer geheimen in zich kunnen dragen dan jij misschien vermoedt? Hoe verklaar je bijvoorbeeld dat sommige mensen dingen voorvoelen die ze eigenlijk helemaal niet kunnen weten? Denk je dat ze een te levendige fantasie hebben? Zou kunnen, maar daarvoor hebben ze het wel erg vaak bij het juiste eind. Dat dieren natuurrampen voorvoelen, is ook niet zuiver en alleen te verklaren uit het feit dat een aardbeving vooraf wordt gegaan door sterke trillingen en een orkaan door windstilte. Wist je dat katten bijvoorbeeld over een indrukwekkend exact gevoel voor tijd beschikken, terwijl ze alleen maar een 'ingebouwde klok' hebben? En wat te zeggen van het ingebouwde kompas van trekvogels, die duizenden kilometers verderop precies weten waar ze moeten zijn?

Misschien beschikken dieren over een beter ontwikkeld instinct, dat de meeste mensen in de loop van de evolutie – en niet in het minst door de beschaving – kwijt zijn geraakt? In tegenstelling tot de westerse mens volgen natuurvolken nog steeds hun instinct: de oorspronkelijke inwoners van Australië hebben magische gaven, indianen kunnen de natuur 'lezen' en nomaden vinden zonder technische hulpmiddelen water in de Sahara.

Het is geen kwestie van geloof, maar een feit dat ieder mens beschikt over een bepaald overlevingsmechanisme, dat hem in uitzonderlijke situaties in staat stelt tot bovenmenselijke prestaties. Deze natuurlijke gave heeft niets te maken met tovenarij of hekserij, maar is een oerinstinct dat je in bredere zin ook intuïtie zou kunnen noemen, een gevoelsmatige ingeving.

Misschien hebben we inderdaad wel een zesde zintuig en ligt dat bij veel mensen alleen maar diep onder de oppervlakte.

Het is in elk geval de moeite waard er eens over na te denken. En het kan zeker geen kwaad jezelf af en toe onder de loep te nemen en naar je innerlijke stem te luisteren, en pas daarna een beslissing te nemen of je je liever door je verstand laat leiden of misschien toch beter het gevoel in je buik kunt volgen.

30 tot 66 punten
Vertrouw gerust vaker op je intuïtie

Werkelijkheid of fantasie? Feit of fictie? Waarheid of hersenspinsels? Je wordt voortdurend heen en weer geslingerd tussen datgene wat je denkt te weten en datgene wat je niet denkt te weten. Die twijfel komt voort uit het feit dat je eigenlijk niet op je buikgevoel durft te vertrouwen en liever je verstand gebruikt, laat staan dat je je hart volgt. Eigenlijk is er helemaal geen reden voor onrust: je inwendige alarminstallatie functioneert namelijk prima, als hij maar aan staat. Intuïtief voel je heel goed aan wanneer er gevaar dreigt en instinctief volg je dan ook (meestal) wel het juiste pad, of sla je in ieder geval de juiste richting in.

Sta eens stil bij het volgende: heb je soms een vaag voorgevoel voordat iets concreet wordt? Zie je gebeurtenissen op de een of andere manier aankomen, nog voordat ze zich daadwerkelijk voordoen? Zo ja, zou je dat dan niet je zesde zintuig kunnen noemen?

Je hebt zo de nodige reserves als het erom gaat deze innerlijke impulsen te volgen en te vertrouwen op jouw spontane ingevingen. Toch is het belangrijk daar wel op te vertrouwen, om onbevooroordeeld te kunnen handelen. Meditatieve training is overigens een goed hulpmiddel om je innerlijke waarnemingsvermogen te ontwikkelen, je concentratievermogen te verbeteren en eventuele angsten te verminderen.

Maar een goed ontwikkelde intuïtie is zeker geen garantie dat je nooit een verkeerde beslissing zult nemen! Je gevoel kan je ook bedriegen. Daarom is het in elk geval zinvol je verstand nooit helemaal uit te schakelen en het wel te betrekken in belangrijke beslissingen. Wees niet bang: omdat je heel goed het onderscheid tussen schijn en werkelijkheid kent, loop je niet zo snel het gevaar door iemand beetgenomen te worden.

Een gezonde dosis scepsis biedt over het algemeen goede bescherming tegen al te emotionele beslissingen. Maar dat betekent niet dat je alles wat je niet kunt verklaren moet afdoen als eng, onbegrijpelijk of gevaarlijk. Je kunt jezelf gerust openstellen voor dingen die zich niet met de gebruikelijke methodes laten verklaren. Op een bewuste manier verder kijken dan je neus lang is, wil nog niet zeggen dat je in de afgrond zult storten! Wat iemand uiteindelijk gelooft of niet, blijft zijn eigen keuze. Het is toch veel spannender ook eens andere mogelijkheden te ontdekken, in plaats van je nooit aan iets nieuws wagen?

Shakespeare zei het al in *Hamlet*, vrij geïnterpreteerd: 'Er zijn meer dingen tussen hemel en aarde dan studieboeken kunnen bewijzen...'

69 tot 102 punten
Je bezit een bijzondere gave... maar laat je geen zand in de ogen strooien!

Als er werkelijk zoiets als een zesde zintuig bestaat, dan heb jij het! Je vertrouwt bijna altijd op je intuïtie. In je werk, het leven van alledag of de liefde; meestal vertrouw je helemaal op je gevoel. Je gaat ervan uit dat je spontane eerste indruk de juiste is. En dat je innerlijke stem je nooit bedriegt. Instinctief voel je het aan als iets niet klopt of iets bijzonders staat te gebeuren. Jouw innerlijke waarneming lijkt – volgens de testuitslag – bovengemiddeld ontwikkeld te zijn. Dat kan het gevolg zijn van een bijzondere begaafdheid of een (bijna) onbegrensd vertrouwen in jezelf en jouw instinct.

Hoe komt het eigenlijk dat je zo zeker bent van je zaak? Je hebt vast wel eens gehoord van de uitdrukking 'zinsbegoocheling'. Omdat je er zo vaak blind op vertrouwt dat je gevoel juist is, loop je het gevaar schijn en werkelijkheid en feitelijkheid met bijgeloof te verwarren, als je niet op het juiste moment je verstand inschakelt. Luister gerust naar je hart en het gevoel in je buik, maar vergeet je hoofd niet, vooral als er belangrijke beslissingen genomen moeten worden!

Je moet vooral kritisch afstand bewaren tot mensen die anderen proberen te beïnvloeden met twijfelachtige kennis. Doordat je zo uitgesproken gevoelig bent, ben je een gemakkelijke prooi voor hen. Je bent zo gefascineerd door alles wat omgeven is met een aura van magie, geheimzinnigheid, mystiek of bovennatuurlijkheid, dat je een gemakkelijke prooi bent voor mensen die zich mooier voordoen dan ze zijn of regelrechte bedriegers zijn. Juist op het gebied van de esoterie lopen er veel wolven in schaapskleren rond. Omdat bovennatuurlijke krachten niet met natuurwetenschappelijke middelen te meten zijn, kunnen charlatans gemakkelijk voorspiegelen dat ze zeldzame gaven bezitten en op die manier misbruik maken van de goedgelovigheid van mensen. Wees dan ook bijzonder sceptisch als iemand die zegt spiritueel aangelegd te zijn je veel geld vraagt voor iets wat hij ook gratis zou kunnen doen.

Zorg ervoor dat je jezelf niet op te glad ijs begeeft, met zulke dunne plekken dat ze een warmhartig mens als jij niet kunnen dragen.

Beschik je over goede mensenkennis?

Sommige mensen beweren van zichzelf dat ze een echte mensenkenner zijn, maar vaak kennen ze zichzelf nog niet eens. Andere mensen kunnen zich uitstekend verplaatsen in degene die tegenover hen staat, maar zijn zich absoluut niet bewust van deze gave. In ieder geval staat wel vast dat je – wil je mensen leren verstaan – hen zonder vooroordeel tegemoet moet treden. Omdat je anders uit wantrouwen afgewezen kunt worden. Bovendien moet je openstaan voor andere meningen, zienswijzen en levensopvattingen, wil je mensen echt leren kennen en niet uitsluitend gericht zijn op je eigen belang. En je moet de lichaamstaal leren spreken, zodat je niet verblind raakt door oppervlakkigheden of holle frasen. Want een klein gebaar is soms verraderlijker dan wanneer iemand zich groter voordoet dan hij in werkelijkheid is. En een blik zegt vaak meer dan duizend woorden...

1. *Er staan twee jongemannen voor de deur die geld inzamelen voor het Rode Kruis. Geef je geld en zo ja, waarom?*
a)   Als ze sympathiek overkomen, wel.
b)   Ik controleer eerst hun legitimatie.
c)   Onder geen beding; ik geef in principe nooit geld aan de deur.

2. *Herken je de volgende situatie: je hebt 's avonds de wekker gezet omdat je de volgende dag een belangrijke afspraak hebt en op een bepaalde tijd moet opstaan, maar wordt helemaal uit jezelf wakker vlak voordat de wekker gaat?*
a)   Nee, eigenlijk word ik nooit vanzelf stipt op tijd wakker.
b)   Ja, dat gebeurt heel vaak.
c)   Dat is me wel eens gebeurd, maar het is wel lang geleden.

3. Hoe merk je of iemand niet de waarheid spreekt?
a) Aan wat hij/zij zegt.
b) Aan hoe hij/zij kijkt.
c) Aan de gebaren die hij/zij maakt.

4. Tijdens een sollicitatiegesprek met de chef van de personeelsafdeling trekt hij al pratende zijn stropdas recht en schraapt zijn keel. Hoe vat je dit op?
a) Het lijkt wel of hij een meer dan alleen beroepsmatige belangstelling voor mij heeft.
b) De man lijkt nerveus en gestresst.
c) Hij is niet geïnteresseerd in mij; blijkbaar verveel ik hem.

5. Hij buigt zich licht voorover naar jou toe. Wat denk je?
a) Nu is hij één en al oor voor mij.
b) Wat een arrogante vent.
c) Blijkbaar ben ik niet duidelijk genoeg geweest.

6. Hoe moet de personeelschef zich gedragen om jou in het verdere verloop van het gesprek een goed gevoel te geven?
a) Hij moet de linkerhelft van zijn gezicht naar mij toedraaien en instemmend knikken.
b) Hij moet er ontspannen uitzien, door bijvoorbeeld naar achteren te leunen.
c) Hij moet vriendelijk glimlachen.

7. Aan het einde van het gesprek drukt de personeelschef je stevig de hand terwijl hij op zijn horloge kijkt. Welke gedachte schiet op dat ogenblik door jouw hoofd?
a) Dat was het dan... Die baan kan ik wel vergeten.
b) De volgende kandidate staat waarschijnlijk al op de stoep.
c) Hopelijk heb ik niet te lang gepraat.

8. Maak de volgende zin af: 'Mensen die je niet recht aankijken...'
a) '...hebben een lage dunk van zichzelf.'
b) '...hebben weinig gevoel voor hoe het moet.'
c) '...hebben blijkbaar iets te verbergen.'

9. Een vriendin van jou is in de problemen geraakt. Als je haar spontaan aanbiedt haar te helpen, wimpelt ze dit af met de woorden: 'Dank je, ik kan wel voor mezelf zorgen!' Wat is je antwoord?
a) 'Zoals je wilt...'
b) 'Als het nodig is, kun je altijd bij me terecht!'
c) 'Dat zie ik, ja!'

10. Je hebt met je partner afgesproken naar de bioscoop te gaan. Hij komt direct uit zijn werk, maar is wel 20 minuten te laat. Hij verontschuldigt zich door te zeggen: 'Net toen ik wilde weggaan, kreeg ik een belangrijk telefoontje.' Wat is je reactie?
a) Je toont begrip; zijn baan is nu eenmaal belangrijker dan jullie bezoekje aan de bioscoop.
b) Je bent boos; hij had per slot van rekening de telefoon niet meer hoeven opnemen.
c) Je bent woedend; niet op tijd zijn is nog tot daar aan toe, maar zo'n doorzichtige smoes!

11. Welke uiterlijke kenmerken zou jij bij een blind date direct afstotend vinden?
a) Vieze schoenen en slonzige kleren.
b) Slechte manieren en spreken met consumptie.
c) Verwaandheid, arrogantie en zelfingenomenheid.

12. Wanneer vind je iemand direct sympathiek?
a) Als hij/zij een prettige stem heeft en zich gracieus beweegt.
b) Als hij/zij een glimlach om de mond en lachende ogen heeft.
c) Als hij/zij niet direct vertrouwelijk is, maar zich eerst terughoudend opstelt.

13. In het restaurant zit een stelletje heftig te ruziën. Plotseling krijgt hij een rood hoofd, springt op en rent het restaurant uit. Wat zou daar achter kunnen zitten?
a) Zij heeft hem vast recht in zijn gezicht gezegd dat hij haar met een andere vrouw bedriegt.

b) Zoals zo vaak bij ruzie: het stelde waarschijnlijk niets voor.
c) Zij had waarschijnlijk overal wat op aan te merken: op de keuze van het restaurant, de ober, het eten, het tafeltje.

14. *Geloof jij in liefde op het eerste gezicht?*
a) Ik geloof meer in liefde op het tweede gezicht.
b) Ja, zonder meer!
c) Nee, dat komt alleen voor in films.

15. *Een collega vertelt je dat ze jullie chef in een homobar gezien heeft. Wat is je eerste gedachte als je dit hoort?*
a) Dat had ik nooit achter hem gezocht!
b) Nou en?
c) Wat heeft mijn collega daar eigenlijk te zoeken...

Testuitslag

	a	b	c	
Vraag 1	3	6	0	punten
Vraag 2	0	6	3	
Vraag 3	0	3	6	
Vraag 4	3	6	0	
Vraag 5	0	3	6	
Vraag 6	6	0	3	
Vraag 7	0	6	3	
Vraag 8	6	3	0	
Vraag 9	0	6	3	
Vraag 10	3	6	0	
Vraag 11	0	3	6	
Vraag 12	3	6	0	
Vraag 13	0	6	3	
Vraag 14	6	3	0	
Vraag 15	0	3	6	

Wens en werkelijkheid

0 tot 27 punten

Probeer te voorkomen dat je negatieve ervaringen veralgemeniseert

Eén op de twee mensen is van mening dat andere mensen niet te vertrouwen zijn. Dat is gebleken uit een enquête door een Duits onderzoeksbureau. Jij bent zo iemand, die de ander in eerste instantie met wantrouwen tegemoet treedt, onder het motto: je weet nooit wie je voor je hebt. Dat klopt. Maar datzelfde kan de ander ook over jou denken. Hij of zij weet in het begin ook niet hoe jij bent. Tenminste niet in eerste instantie. Dat blijkt namelijk pas als je elkaar nader hebt leren kennen. Het probleem is alleen: als je vanaf het begin iedere poging tot contact frustreert en afstand probeert te houden, zul je nooit nader tot elkaar komen. Directe communicatie houdt nu eenmaal een bepaald risico in, want het is nog niet duidelijk hoe het zal aflopen. Aan de andere kant: wat is eigenlijk het risico? Een teleurstelling? Een afgang? Dat je het onderspit zult delven? En wat dan nog? Is het achteraf gezien niet een veel grotere teleurstelling als je het helemaal niet geprobeerd hebt?

Jij denkt dat je over een grote dosis mensenkennis beschikt, maar tegelijkertijd heb je een nogal slecht idee over hen. Je hebt heel snel het gevoel dat mensen het op jou voorzien hebben. Waar komt die gedachte vandaan? En vanwaar die meestal pessimistische instelling tegenover anderen? Heb je soms negatieve ervaringen? Dat zou nog te begrijpen zijn. Misschien ben je wel erg vaak teleurgesteld. Toch moet je die negatieve ervaringen niet veralgemeniseren. Geen mens is hetzelfde. Bepaalde situaties en gedragspatronen kunnen zich weliswaar herhalen, maar ze kunnen – onder dezelfde omstandigheden – ook heel anders aflopen. Probeer zoveel mogelijk te voorkomen dat je in clichés denkt en anderen te snel in een bepaald hokje duwt, waar je hen ook niet meer uit laat. Probeer meer open te staan voor anderen, nieuwsgieriger te zijn en vooral meer vertrouwen te hebben! Geef de ander de kans zijn ware gezicht te laten zien voordat jij je oordeel velt. Sommige mensen zijn bijvoorbeeld op het eerste gezicht heel arrogant, terwijl ze in werkelijkheid heel onzeker van zichzelf zijn en die onzekerheid proberen te maskeren met een overdreven zelfbewustzijn.

Laat je zo min mogelijk beïnvloeden door uiterlijkheden of het oordeel van anderen. Sommige mensen spreken namelijk alleen maar kwaad van anderen om er zelf beter uit te zien. Je kunt zelf een beter gefundeerde eigen mening vormen door goed je ogen open te houden en kritische vragen te stellen. Veel dingen zijn anders dan ze op het eerste gezicht lijken. En wees vooral niet bang je mening te herzien. Mensen die echt over mensenkennis beschikken, herken je aan het feit dat ze het ook durven toegeven als ze zich grandioos hebben vergist...

30 tot 60 punten
Goed je ogen openhouden voorkomt dat je zand in de ogen gestrooid krijgt en behoedt je voor valsspelers

Jij denkt over een goede dosis mensenkennis te beschikken? Daar heb je gelijk in... Maar er is wel één 'maar'. Soms laat deze bijzondere gave je in de steek. Af en toe moet je totaal verrast vaststellen dat je je weer eens flink in iemand vergist hebt. Toch is dat geen reden om vertwijfeld te raken! Je stapt nu eenmaal totaal niet vooringenomen, maar vol vertrouwen en met de beste bedoelingen op je medemens af. Het vertrouwen dat jij in het goede in iedere mens hebt, is bijna grenzeloos. Nogal wiedes dat je dan ook eens het lid op de neus krijgt. Er zijn namelijk mensen die heel goed weten hoe ze goedgelovige mensen als jij met valse beloften zand in de ogen moeten strooien. Laat je dus niet inpakken door oppervlakkigheden en pas op voor mensen die een spelletje spelen. Geloof niet alles wat anderen je proberen wijs te maken! Vertrouw wat vaker op het gevoel in je buik. Want soms is de eerste indruk helemaal niet zo slecht, omdat hij puur is. Dat wil overigens niet zeggen dat een spontaan oordeel altijd onomstotelijk juist is, want de eerste indruk kan ook een vergissing zijn.

Goede mensenkennis doe je op in verschillende etappes,

Wens en werkelijkheid

door je intuïtie te ontwikkelen, goed je ogen open te houden en te weten waar het over gaat. Natuurlijk kun je ook naar je innerlijke stem luisteren, maar je moet niet tegelijkertijd je ogen en oren sluiten voor signalen die een ander al dan niet bewust uitzendt. Om lichaamstaal op de juiste manier te kunnen interpreteren, heb je een bepaalde basiskennis nodig, zowel door zelf opgedane ervaringen als kennis van buitenaf, bijvoorbeeld via gedegen vakliteratuur. Valsspelers kun je ontmaskeren door hun gedrag uitgebreid te bestuderen en op de juiste manier te interpreteren. Oefen je dus in het waarnemen, om op die manier een nog beter gevoel voor situaties te krijgen. Op een kritische manier openstaan (voor alle feiten) is niet alleen de beste bescherming tegen vooroordelen, maar ook een garantie voor een succesvolle relatie.

63 tot 90 punten
Je gaat af op eigen waarnemingen en je innerlijke stem

Als het om mensenkennis gaat, naait niemand je makkelijk een oor aan, want je vertrouwt helemaal op je goede waarnemingsvermogen en het gevoel in je buik, en dat bedriegt je bijna nooit. Dankzij een sterk ontwikkelde intuïtie kun jij je uitstekend in andere mensen verplaatsen. Je hebt direct door wat de ander voelt en wat in hem/haar omgaat. Er zijn niet veel mensen die dit kunnen. Maar gevoeligheid alleen is niet voldoende als je mensen echt wilt leren begrijpen. Daar is levenservaring voor nodig. Zo zijn er bepaalde culturen en natuurvolkeren die zich ook vandaag de dag nog laten leiden door de wijsheid van ouderen, en dan voornamelijk hun goede mensenkennis. Ze bezitten ook een hoge mate van geestelijke rijpheid, durven te vertrouwen op hun waarnemingen en hun eigen stem te volgen. Natuurlijk vergissen zij zich ook wel eens, maar uitzonderingen bevestigen nu eenmaal de regel en vergroten de schat aan ervaringen.

Omdat je met open ogen (en oren) in het leven staat, ontgaat je maar weinig. Je hebt een open karakter en bent goed in staat te communiceren, waardoor je veel mensen leert kennen en daar leer je weer van. De belangstelling voor je medemens is oprecht en serieus. Je bestudeert je omgeving heel precies en registreert stemmingen en stemmingswisselingen, omdat je innerlijke antenne altijd aanstaat. Desondanks vel je zelden te snel een oordeel, maar laat je je indrukken eerst even bezinken. Eigenlijk is jouw mensenkennis onovertroffen. Toch kan het soms geen kwaad voorzichtig te zijn. Want er zijn situaties waarin je niet helemaal en uitsluitend op het gevoel in je buik kunt vertrouwen en je waarnemingen kunt negeren. In dat geval kun je gewoon niet geloven wat je ogen zien. Vooral in de liefde heb je de neiging tegen je gezonde verstand in te handelen. Maar dat weet je zelf waarschijnlijk beter dan wie dan ook...

Wens en werkelijkheid

Maak je jouw dromen waar?

Dromen zijn bedrog? Helemaal niet. Ieder mens droomt. Van vrijheid, avontuur en geluk. Van roem, succes, macht, de absolute droombaan, van een leven in luxe of van zijn grote liefde. Maar niet iedereen is in staat zijn dromen te verwezenlijken. Vast staat wel dat je alleen in staat bent je verlangens te verwezenlijken en je visioenen te laten uitkomen als je er echt in gelooft. Negatieve gedachten kunnen daarentegen elk idee in de kiem smoren. Soms willen we onze dromen helemaal niet realiseren, maar proberen we met prachtige fantasieën ons leven van alledag meer kleur te geven. Heb jij genoeg aan de magische kracht van dromen die je leven kleuriger maakt, of ga je een stap verder en maak je je dromen waar?

1. Wie droomt, krijgt vleugels! De droom te kunnen vliegen is zo oud als de mensheid. Vliegen symboliseert onafhankelijkheid, vrijheid, je losmaken van het leven van alledag. Hoe zou jij je dromen om te kunnen vliegen het liefst vleugels geven?
a)   Geen behoefte aan. Ik heb hoogtevrees.
b)   In een heteluchtballon of een helikopter.
c)   Door te gaan paragliden of deltavliegen.

2. Voorover de diepte in... Probeer je in te leven in het volgende beeld: je hebt je laten overhalen te gaan bungeejumpen. Nu sta je draaiend van duizeligheid 75 meter hoog stevig vastgebonden aan het koord. Een paar minuten later stort je jezelf aan het elastische koord in de diepte. Welke gedachten schieten op dat moment door je hoofd?
a)   Ik begrijp werkelijk niet waarom ik hier sta.
b)   Van bovenaf ziet het er allemaal zo klein uit.
c)   Hopelijk knapt het koord niet.

3. Verdoe je tijd niet met dromen, maar maak ze waar! Wat vind je van deze uitspraak?

a) Er zit één maar aan: als je dromen waar wilt maken, heb je heel veel geld nodig!
b) Het idee op zich is leuk, maar het klinkt wel een beetje afgezaagd.
c) Niet zo geweldig, als ik er goed over nadenk. Je kunt toch ook allebei doen: dromen en leven!

4. Hoe of waar kun je naar jouw gevoel het beste je grote liefde vinden?

a) Daar waar je dat het minst verwacht.
b) Door het geluk een handje te helpen.
c) Daar heb je geen enkele invloed op: je vindt hem of je vindt hem niet!

5. Stel je voor, je hebt in een of ander spel een droomreis voor twee personen gewonnen. Waarde: 5.000 euro. Waar naartoe mag je zelf uitkiezen! Wat kies je?

a) Een reis naar Tibet of de Galapagos-eilanden.
b) Een zeiltocht door de Caraïben of island-hopping op de pareltjes van de Zuidzee.
c) Een trip naar het (andere) einde van de wereld: naar Tasmanië of Nieuw-Zeeland.

6. Wat vind je van het idee van je hobby je beroep te maken?

a) Je kunt die twee beter gescheiden houden.
b) Het probleem is dat je van een hobby meestal nauwelijks kunt leven.
c) Daar ben ik mee bezig.

7. Je hebt de stoute schoenen aangetrokken en binnen het bedrijf gesolliciteerd naar de positie van teamleider, die vacant is... Je bent afgewezen. Hoe ga je om met deze nederlaag?

a) Ik zeg tegen mezelf: wie weet waar het goed voor is...
b) Ik probeer uit te zoeken waarom ik ben afgewezen.
c) Ik verzoek de collega's die erbij betrokken zijn er met niemand over te praten!

Wens en werkelijkheid

8. *De schrijfster Joanne K. Rowling werd wereldberoemd en schatrijk met het prachtige Harry Potter. Hoe heeft de vroeger totaal onbekende Engelse dat volgens jou voor elkaar gekregen?*
a) Met een stevig reclameoffensief en een enorme dosis geluk!
b) Met veel talent, gevoel voor haar werk, humor en de nodige fantasie.
c) Door onverstoord haar eigen weg te gaan, ongeacht wat anderen daarvan vonden.

9. *Motivatietrainers proberen de deelnemers aan hun cursus over te halen met blote voeten over gloeiende kolen te lopen. Wat is de truc, denk je?*
a) Dat je steeds weer tegen jezelf zegt: 'Ik kan het!'
b) Je moet van tevoren ervoor zorgen dat je koude voeten hebt of ze in koud water onderdompelen.
c) Als je snel genoeg loopt, heb je geen tijd om brandblaren te krijgen!

10. *Welke van de volgende succestypes benijd je het meest?*
a) De onbekende miljonair.
b) De beroemde filmster.
c) De gerenommeerde schrijver.

11. *Wat vind je van mannen die met hun kinderen op het strand zandkastelen bouwen?*
a) Hier met die emmer en schep! Ik doe mee!
b) Zo'n vader had ik als kind ook graag gehad...
c) Wat kinderachtig! Thuis spelen ze waarschijnlijk met Lego en Playmobil.

12. *Heb jij een concreet doel voor ogen waar je momenteel hard aan werkt?*
a) Nee, ik stel mezelf iedere dag nieuwe doelen.
b) Ja, en dat is mijn geheim!
c) Ik heb me wel het een en ander voorgenomen.

13. *Je hebt een dringende afspraak in de stad. De tijd tikt door en jij bent nog altijd vertwijfeld op zoek naar een parkeerplek. Met welke gedachte probeer jij jezelf te kalmeren?*
a) Als ik vijf minuten te laat ben, is dat ook niet zo erg...
b) Als ik me op een originele manier verontschuldig, praat ik het wel weer recht.
c) Ik moet een parkeerplek vinden, ik moet een parkeerplek vinden, ik moet een...

14. *Een goede fee vervult een hartenwens die een grote verandering in je leven zou kunnen betekenen. Je kunt maar één ding kiezen. Waar zie jij jezelf een nieuwe start maken?*
a) In een sociaal of kunstzinnig project.
b) In een nieuwe uitdaging in mijn beroep.
c) In een nieuwe liefde.

Testuitslag

	a	b	c	
Vraag 1	0	3	6	punten
Vraag 2	3	6	0	
Vraag 3	0	3	6	
Vraag 4	0	6	3	
Vraag 5	6	0	3	
Vraag 6	0	3	6	
Vraag 7	3	6	0	
Vraag 8	0	3	6	
Vraag 9	6	0	3	
Vraag 10	0	6	3	
Vraag 11	6	3	0	
Vraag 12	0	3	6	
Vraag 13	3	0	6	
Vraag 14	6	3	0	

Wens en werkelijkheid

0 tot 21 punten
Je hebt het in je om jouw dromen waar te maken!

Natuurlijk heb je dromen. Maar dat je die ook waar kunt maken, kun je jezelf niet zo goed voorstellen. Je droomt nooit dat je grootste verlangen binnenkort vervuld zou kunnen worden. Misschien ooit eens, als alles goed gaat. Met dit verre vooruitzicht kun je leven. Waarom ben je zo zelfgenoegzaam? Waarom probeer je niet naar de sterren te rijken? De uitdrukking 'wie niet waagt, wie niet wint' is natuurlijk enigszins oudbakken. Maar het is een feit dat alleen mensen die het schijnbaar onbereikbare nastreven, het schier onmogelijke kunnen waarmaken! Er zijn genoeg mensen die daadwerkelijk dingen in beweging hebben gezet, die voordien onmogelijk leken. Wie had bijvoorbeeld in 1979 in Duitsland gedacht dat de muur tien jaar later zou vallen en het 'ijzeren gordijn' zou verdwijnen? En wie had durven dromen dat in Zuid-Afrika uitgerekend Nelson Mandela als zwarte vrijheidsstrijder het blanke apartheidsregime op democratische wijze zou hervormen? De kans dat je dromen kunt realiseren, is dus groter dan je denkt, maar je moet er wel in geloven. En eraan werken! Als je er namelijk van het begin af aan al van uitgaat dat je het doel toch niet zult bereiken, lukt dat ook niet. Denk positief! Doe net of je droom heel realistisch is en alleen nog maar in daden hoeft te worden omgezet. Dan zul je zien dat je een heleboel kunt bereiken, als je er maar rotsvast van overtuigd bent en je er helemaal voor wilt inzetten! Dan hoef je je er later ook niet aan te ergeren dat je een kans voorbij hebt laten gaan. Mensen hebben namelijk meestal niet zozeer spijt van de dingen die ze gedaan hebben, maar wel van de kansen die ze hebben laten liggen. Stel jezelf dus doelen en doe er alles aan die doelen te verwezenlijken. Soms komen dromen namelijk echt uit!

24 tot 54 punten
Met geduld en uithoudingsvermogen bereik je je doel!

Ken je Depeche Mode? De Engelse band die in de jaren '80 de cultstatus bereikte? Het is de moeite waard eens diepgaander naar de tekst van een van hun hits te kijken. In 'Dream on' zingt Dave Gahan: 'There's no time for hesitating (geen tijd om te aarzelen)... What you take, won't kill you (je gaat niet dood als je je kansen grijpt). But careful what you're giving (maar pas op met wat je ervoor geeft).' Het lijkt een duistere muzikale boodschap, maar de gedachte erachter is helder en waar: bijna alles in het leven heeft een prijs. Dat betekent dat we ook voor de verwerkelijking van onze dromen een prijs moeten betalen. Dromen zijn gratis; ze realiseren niet. Als we onze dromen realiseren, zullen we offers moeten brengen; het maakt niet uit hoe. Maar juist voor die offers ben jij zo bang. Je vreest bij het realiseren van je dromen iets te zullen verliezen. Je zekerheid bijvoorbeeld. Je wilt je wensen wel in vervulling laten gaan en je hebt er ook de energie wel voor. Maar op dit moment ontbreekt het je nog aan doorzettings- vermogen. Volhouden is het devies! Als je al opgeeft zodra je over het eerste steentje struikelt, zul je nooit het einde van de weg halen. Verlies dus niet de moed en vooral ook niet het geloof in jezelf! Juist in je werk moet je doorbijten en volhar- den. Ook in de liefde kan een beetje doorzettingsvermogen geen kwaad. Houd vast aan je dromen en verlies je doelen niet uit het oog. Niet alleen geloof kan bergen verzetten, ook onze visioenen hebben de macht grote dingen te bewerkstelligen.

57 tot 84 punten
Koester je dromen, maar verwar ze niet met de realiteit!

Hallo, wakker worden! Heeft iemand dat wel eens tegen je gezegd? Op klaarlichte dag? Dan ben je waarschijnlijk weer eens in een dagdroom blijven hangen en heb je jezelf overge- geven aan je fantasieën. Dat is benijdenswaardig, maar ook hachelijk: in onze hedendaagse prestatiegerichte maatschap- pij is er weinig ruimte voor dromerijen, en nog minder begrip. Helaas! Jij bent een mens met visioenen. Maar visionairs wor- den vaak afgeschilderd als dromers. Daarbij moet worden opgemerkt dat met dromen niet bedoeld wordt 'op een dwangmatige manier afstand doen van de realiteit', maar 'jezelf vleugels geven'. Koester je dromen dus. Je bent terecht de mening toegedaan dat (bijna) alles mogelijk is, als je er maar sterk genoeg in gelooft! Weliswaar zijn er ook dingen waar de mens geen invloed op heeft. Het leven heeft nu eenmaal zo zijn grenzen. Zolang je jezelf bewust bent van deze grenzen – dat wil zeggen dat je jouw dromen niet verwart met de realiteit – hoef je je geen zorgen te maken. Droom lekker verder, maar vergeet niet af en toe je ogen open te doen. Vooral op het werk kun je beter de handen uit de mouwen steken!

Als je bij deze test een zeer hoog puntenaantal (meer dan 75) gescoord hebt, moet je oppassen dat je wel met beide benen op de grond blijft staan. Maak jezelf niet iets wijs, maar kijk of het haalbaar is, verlies de realiteit niet uit het oog, volg je dromen. Leer onderscheid maken tussen dromerijen en dromen. Dat wil zeggen: tussen fantasieën, kleur in je leven brengen en visioenen waarachter concrete doelen schuilgaan. Vraag je af of je grootste droom op niet al te lange termijn te realiseren is. Want als je alleen maar luchtkastelen bouwt, kan je levensdroom een illusie worden, die bij de minste of geringste tegenslag uit elkaar spat.

Ben je in staat jezelf voldoende te ontwikkelen?

Het leven is beweging, verandering en vooruitgang. Wie geen pas op de plaats wil maken, heeft impulsen nodig en moet zichzelf willen blijven ontwikkelen. Want ontwikkeling betekent verandering. En 'wie niet veranderd, heeft niet geleefd', zo luidt een oud Chinees spreekwoord. De Chinezen geloven overigens rotsvast dat levensenergie, de chi, moet stromen. De eeuwenoude Chinese leer Feng Shui leert hoe je deze energie kunt laten stromen. Positieve energie laat zich met behulp van de juiste maatregelen zo sturen dat nieuwe impulsen ontstaan, bijvoorbeeld door licht en kleuren. Maar ook de tuin, een idyllisch landschap of een mooi schilderij kunnen een inspirerende energiebron zijn. Stress, drukte en herrie daarentegen kunnen in sommige gevallen leiden tot een blokkade van de energie. Zelfs al geloof je niet dat deze dingen verband met elkaar houden en vind je 'de leer van de stromende levensenergie' pure flauwekul, misschien kan het volgende je dan wel overtuigen: alleen mensen die zelf bewegen, kunnen iets in gang zetten! Met onderstaande test kun je proberen erachter te komen of er nog voldoende gebeurt in je leven, of het harmonieus verloopt of dat je een duwtje in de rug nodig hebt om uiteindelijk niet helemaal stil te komen staan...

1. *Kijk eens zo objectief mogelijk rond in je huis of woonkamer. Welke van de volgende omschrijvingen komt het meeste overeen met wat je ziet?*
   a) De inrichting is heel modern en minimalistisch; er staan aparte designlampen; eenvoudige lange, rechte meubels; heldere lijnen en metaal hebben de overhand.
   b) Ik vind het heel belangrijk dat het gezellig is, dus heb ik gekozen voor een mix van warm hout, behaaglijke zit-

meubels, leuke accessoires en veel persoonlijke snuiste-rijen.

c) Het is vooral licht en luchtig; planten, schilderijen, staan-de lampen en bonte stoffen zorgen voor een kleurig accent en een stemmige atmosfeer.

2. *Volgens trendwatchers komt de midlifecrisis steeds vroeger. Veel vrouwen raken tegenwoordig al in een diepe crisis als ze 25 of 30 zijn. Sommige psychologen spreken daarom liever van een 'quarterlifecrisis'. Wat is volgens jou de belangrijkste oorzaak voor deze vroegtijdige dip?*

a) De almaar toenemende druk om te presteren vanuit de maatschappij. De klok tikt steeds sneller en je moet steeds vroeger succes hebben in je privé-leven en je beroep.

b) Een almaar toenemende onrust. Steeds meer mensen zijn ontevreden met het oppervlakkige leven dat ze leiden en ze zijn op zoek naar nieuwe waarden.

c) De media en de reclame. Die houden ons voor dat we onze beurt voorbij hebben laten gaan als we niet al op heel jonge leeftijd een aantal wezenlijke dingen hebben bereikt.

3. *Wat is volgens jou je grootste gave in de omgang met andere mensen?*

a) Ik kan mensen motiveren ook eens iets te doen wat afwijkt van het gangbare.

b) Ik kan mensen stimuleren ook eens over andere dingen na te denken dan ze normaal gesproken doen.

c) Ik kan mensen aan het lachen maken.

4. *Als je terugkijkt op je leven tot nu toe, denk je dan dat je je belangrijkste doelen al bereikt hebt?*

a) Nee, de afgelopen jaren heeft het succes helaas nog op zich laten wachten.

b) Nog niet allemaal maar wel veel, vooral de doelen die belangrijk voor me zijn.

c) Ja, omdat ik niet zo snel opgeef. Als ik mij iets voorneem, krijg ik dat ook voor elkaar.

5. *Je hebt een extravagante jas gekocht, je lievelingsjas. Een collega vindt hem ook heel mooi en vraagt waar je hem gekocht hebt. Wat zeg je tegen haar?*
a) Ik noem de naam van de winkel, maar zeg er wel bij dat er maar één exemplaar van is.
b) Ik vertel haar precies waar de winkel is en hoe ze de jas kan vinden.
c) Ik noem gewoon de naam van een andere winkel.

6. *Hoe vaak heb je de laatste tijd dingen gedaan waar je achteraf spijt van had?*
a) Als het om kleine dingen gaat, eigenlijk best wel vaak.
b) Nooit. Als ik iets moet doen, overleg ik van tevoren heel goed bij mezelf hoe ik het ga aanpakken.
c) Ik kan zo twee, drie dingen opnoemen waarbij ik te hard van stapel ben gelopen.

7. *Hoe kun jij je het beste even losmaken van alle dagelijkse beslommeringen?*
a) Er even helemaal uitstappen en onderduiken in een andere wereld, bijvoorbeeld met een spannend boek of een romantische film.
b) Eens flink oprimen in mijn huis: papieren uitzoeken, oude foto's sorteren, de cd-verzameling uitzoeken.
c) Door een stevig gesprek met mijn vrienden, een opwindend avondje uit of chatten op internet.

8. *Kun je met de hand op je hart zeggen of je het moeilijk vindt openlijk te praten over je angsten en zorgen?*
a) Ja, ik zou me heel kwetsbaar voelen als ik het achterste van mijn tong laat zien.
b) Nee, integendeel, ik word mijn problemen het best de baas als ik er met anderen over kan praten.
c) Hangt ervan af met wie; er moet wel een basis van vertrouwen zijn voor ik met anderen over intieme zaken praat en me emotioneel kwetsbaar opstel.

Wens en werkelijkheid

9. *Je hebt een belangrijke afspraak. Hoe bereid je jezelf erop voor, zodat je niet al te zenuwachtig bent?*
a) Ik zorg ervoor dat ik er goed uitzie, om de aandacht van mijn onzekere ik af te leiden.
b) Ik probeer mijn hoofd leeg te maken door bijvoorbeeld een eindje te gaan wandelen.
c) Ik loop in gedachten nog eens alle dingen door waar ik tegenaan zou kunnen lopen, zodat ik me zekerder voel.

10. *Wat doe je als je oprecht boos bent?*
a) Ik reageer me af door bijvoorbeeld te sporten of het huis te poetsen.
b) Ik probeer het niet zover te laten komen.
c) Ik probeer me in te houden door bijvoorbeeld gerichte ontspanningsoefeningen te doen.

11. *Je nieuwe vriend stelt je voor aan zijn beste vrienden. Welke indruk wil je bij deze eerste belangrijke ontmoeting in ieder geval niet achterlaten?*
a) Dat ze me saai of bekrompen vinden.
b) Dat ze vinden dat ik een grote mond heb of onzeker ben.
c) Dat ze vinden dat ik oppervlakkig ben of net zo goed iemand anders zou kunnen zijn.

12. *Hoeveel van de volgende uitspraken zijn van toepassing op jou?*
☐ 'Als geld geen rol zou spelen, zou ik wel eens iets anders willen.'
☐ 'Feestjes waar ik niemand ken, vind ik spannend en heel leerzaam.'
☐ 'Als ik mijn problemen heb opgelost en alles perfect loopt, ben ik in staat dingen te veranderen.'
☐ 'Mijn vrienden en bekenden zijn zeer verschillend van aard en dat waardeer ik nu juist zo in hen.'
☐ 'Smaken kunnen veranderen, daarom verander ik vaak iets aan mijn kledingstijl of de inrichting van mijn huis.'
a) Hoogstens één.
b) Twee tot drie.
c) Vier tot vijf.

13. En hoeveel van deze statements zouden van jou kunnen zijn?

☐ 'Ik betrap mezelf er steeds weer op dat ik anderen benijd omdat ze meer succes hebben dan ik.'

☐ 'Ik voel me vaak totaal niet gemotiveerd en ervaar het leven als monotoon.'

☐ 'Soms twijfel ik heel sterk aan mezelf, de prestaties die ik lever en wat ik voel.'

☐ 'Moeilijke beslissingen schuif ik het liefst voor me uit, zodat ik niets fout kan doen.'

☐ 'Hoewel ik heel tevreden ben, heb ik soms het gevoel dat er nog meer zou moeten zijn.'

a) Geen enkele.

b) Eén tot twee.

c) Drie tot vijf.

14. Je vakantie was geweldig, maar hij is bijna voorbij. Met welk gevoel aanvaard je de terugreis?

a) Ik verheug me erop weer naar huis te gaan: mijn eigen huis en mijn eigen bed.

b) Ik voel me een beetje down, want nu moet ik weer in het gareel.

c) Met veel herinneringen aan een leuke tijd en het gevoel dat ik me heerlijk heb kunnen ontspannen.

15. Doe je ogen dicht en stel je een stralend blauwe hemel met snel voorbijtrekkende sneeuwwitte wolken voor... (Lees wel eerst even de volgende vraag. En niet sjoemelen!)

Als je je ogen weer opendoet: hoe zagen de wolken eruit?

a) Als schaapjes.

b) Als een uit elkaar getrokken pluk watten.

c) Ze hadden de vorm van een bloemkool.

Testuitslag

	a	b	c	
Vraag 1	0	3	6	punten
Vraag 2	3	6	0	
Vraag 3	6	0	3	
Vraag 4	0	3	6	
Vraag 5	3	6	0	
Vraag 6	6	0	3	
Vraag 7	0	3	6	
Vraag 8	0	6	3	
Vraag 9	3	6	0	
Vraag 10	6	0	3	
Vraag 11	6	0	3	
Vraag 12	0	3	6	
Vraag 13	6	3	0	
Vraag 14	3	0	6	
Vraag 15	6	3	0	

0 tot 30 punten
Met meer zelfvertrouwen kom je verder in het leven

Heb je misschien het gevoel dat je leven op het ogenblik min of meer stilstaat? Dat het je ontbreekt aan impulsen om een nieuwe start te maken? Dan wordt het de hoogste tijd daar actief iets aan te doen, want alleen jijzelf kunt je leven veranderen! De benodigde werktuigen daarvoor liggen in jouw hand en kosten niet veel. Wat jij nodig hebt, is zelfvertrouwen, kracht en uithoudingsvermogen. Begin maar direct! Maar wel stapje voor stapje...

Stap één: als je een onbevredigende situatie wilt veranderen, moet je eerst weer in jezelf gaan geloven, voordat dingen veranderd kunnen worden. Laat je niet langer inperken door de mogelijkheden die je hebt, maar beschouw ieder mogelijk alternatief als een kans voor een nieuwe start! Zolang jij denkt dat je inspanningen je niets opleveren, zul je ook inderdaad niets bereiken.

Stap twee: verander van standpunt. Als je jezelf wilt bevrijden uit een situatie waarin je vastgelopen bent, moet je een andere richting inslaan; kortom: iets anders zoeken. Dat betekent niet direct dat je moet gaan verhuizen of op reis moet gaan. Het is al voldoende als je de dingen vanuit een ander perspectief gaat bekijken. Wissel in gedachten van rol. Als je bijvoorbeeld het gevoel hebt dat je in je relatie of op je werk geen vooruitgang meer boekt, probeer je dan eens voor te stellen hoe anderen diezelfde situatie zouden ervaren en in jouw plaats zouden reageren. Hoe zou een collega van jou zich in die situatie gedragen? Wat gaat er bijvoorbeeld tijdens een ruzie om in je partner? Wat doen anderen als ze teleurstellingen krijgen te verwerken? Of als ze koken van woede? Doorbreek je normale gedragspatroon, je omgeving zal daarop reageren en je zult merken dat er een verandering optreedt.

Stap drie: geef je fantasie vleugels! Wat denk je bijvoorbeeld van een reis in je fantasie? Ga op een aangename plek op je rug liggen, doe je ogen dicht en ontspan je. Stuur je gedachten op reis – bijvoorbeeld naar een exotisch strand, een kleurrijke onderwaterwereld of maak een avontuurlijke vlucht over bergen, zeeën en bossen. Laat ook foute gedachten en absurde gevoelens toe. Op die manier kun je afstand nemen, ontdek je wat je geheimste wensen en verlangens zijn. Misschien stoot je daarbij per ongeluk ook op je ware behoeften. Probeer het maar eens...

Stap vier: luister naar je innerlijke stem! Je hoeft niet direct je hoofd uit te schakelen, maar probeer eens wat vaker te vertrouwen op het gevoel in je buik. Wist je dat het voor vrouwen makkelijker is op hun intuïtie te vertrouwen? Mannen volgen ook vaak hun instinct, maar ze denken dat hun reactie het gevolg is van ervaringen die ze hebben opgedaan en feiten die ze verzameld en grondig geanalyseerd hebben.

Stap vijf: wees niet bang voor foute beslissingen! Neem het risico dat je fouten maakt. Het maakt niet uit welke beslissing je neemt, áls je er maar een neemt. Geen beslissing nemen kan op den duur verlammen en op die manier iedere kans op vooruitgang blokkeren. Waag je dus aan het experiment en betreed de ongeplaveide paden. Houd goede moed! Maar onthoud ook: absolute zekerheid krijg je nooit...

33 tot 60 punten
Zodra je tot stilstand dreigt te komen, moet je zorgen voor nieuwe impulsen

Er gebeurt veel in jouw leven... Omdat er in jou zoveel gebeurt! Je reageert flexibel op veranderingen, staat open voor nieuwe dingen en bent openhartig tegenover onbekenden. Je hebt weliswaar zo je beproefde methodes en vertrouwde rituelen, maar daar houd je niet koste wat het kost aan vast. En je durft te twijfelen en dingen ter discussie te stellen. Daarom ben je niet totaal uit het lood geslagen als de dingen eens niet helemaal gaan zoals jij had gedacht. Integendeel, plotselinge veranderingen beschouw je als een verrijking van je leven, maar dan moeten ze geen negatieve bijsmaak hebben. Want je weet dat een bepaalde mate van onzekerheid de spanning in het leven verhoogt.

Toch ontkom je er niet helemaal aan dat je af en toe toch stilstaat, want soms blokkeer je jezelf door te kritisch over jezelf te zijn. Daar bestaat overigens een eenvoudig middel tegen. Laat gaan wat toch niet meer te veranderen is en steek je energie liever in dingen die nog te veranderen zijn. Richt je aandacht nog bewuster op positieve gevoelens.

Een andere sterke rem is boosheid. Misschien neig je af en toe naar ontevredenheid, wanneer je jezelf vergelijkt met anderen die het schijnbaar beter hebben dan jij? Ook deze energieblokkade is gemakkelijk te verhelpen. Probeer in gedachten na te gaan of je in uiterste instantie echt met de vermeende geluksvogel zou willen ruilen. Is die ander echt zoveel beter af dan jij? Of is zijn/haar geluk misschien oppervlakkig en niet altijd wat het lijkt? Hoe ziet bijvoorbeeld het privé-leven van je benijdenswaardig succesvolle collega eruit? En hoe is het met haar gezondheid?

Nu we het toch over je gezondheid hebben: ben je je ervan bewust dat een te hoge spierspanning en spanningshoofdpijn tekenen kunnen zijn van energieblokkades in je lichaam? Als je er geen last van hebt, mag je jezelf in je handjes knijpen. Anders is het goed te weten dat naast doelgerichte ontspanningsoefeningen, yoga en autogene training ook de Chinese geneeskunst met behulp van acupunctuur deze blokkades kan oplossen en de energie weer vrij door het lichaam kan laten stromen.

Een andere hindernis die je op je levenspad kunt tegenkomen, is ongeduld. Dat heeft zeker ook betrekking op jou, want als je iets wilt veranderen, dan het liefst meteen. Voor belangrijke veranderingen is echter tijd nodig. Geef dus niet te snel op als je denkt dat je pogingen tevergeefs zijn. Je hoeft de handdoek niet in de ring te gooien, omdat de dingen moeizamer gaan dan je had gedacht. Tegen ongeduld is echter weinig kruid gewassen. Zet jezelf niet al te sterk onder druk en wees ook eens blij met een klein succesje. Bedenk dat je ook iets gewonnen hebt als het mislukt, want je hebt ervoor geknokt en het schier onmogelijke geprobeerd te bereiken.

63 tot 90 punten
Innerlijke veranderingen van perspectief kunnen balans brengen in je onrustige leven

Jouw levensmotto is: als het maar niet vervelend is. Daarom moet je voortdurend in actie zijn en steeds nieuwe impulsen krijgen. Verre reizen, uitgelaten feestjes, spontane uitjes... Het oefent allemaal een onweerstaanbare aantrekkingskracht op je uit. Je houdt van avontuur, risico en hebt voortdurend prikkels nodig om niet het gevoel te hebben vast te roesten. Routine en eentonigheid schrikken je af. Leven betekent voor jou dat je verandering van perspectief wilt en dat de wereld om je heen verandert. En met succes! Jouw beweeglijkheid mobiliseert anderen, maakt hen enthousiast en zorgt ervoor dat ze meedoen. Maar ze worden ook vaak boos; het feit dat je altijd iets anders wilt, kan ook heel vermoeiend zijn. En je temperament kan mensen die rustiger van aard zijn soms behoorlijk op de zenuwen werken.

Je bent niet goed in staat je gevoelens te beheersen en maakt er geen geheim van als je blij, verdrietig of boos bent. Daarmee voorkom je dat je innerlijk geblokkeerd raakt en laat je opgekropte woede op een effectieve manier wegstromen. Toch kan voor de gevoelige zielen onder ons jouw aanwezigheid soms heel vermoeiend zijn. Denk ook eens aan de ander, want het kan de moeite waard zijn je negatieve gevoelens in toom te houden. Op temperamentvolle wijze uiting geven aan je woede kan anderen kwetsen en leiden tot heel onaangename ruzies! Je temperament beteugelen betekent echter nog niet dat je je levenslust moet onderdrukken. Het betekent vooral dat je moet oefenen negatieve energie om te zetten in positieve.

Probeer je in heikele situaties te bezinnen op je bijzondere gave uit ongeluk altijd iets positiefs te laten ontstaan.

Probeer voor jezelf na te gaan of je werkelijk zoveel impulsen van buitenaf nodig hebt om het spannend te houden. Is het niet zo dat je op die manier de problemen eerder voor je uitschuift, dan dat je ze oplost? En zou een echt belangrijke verandering niet eerder van binnenuit moeten komen?

Volgens de testuitslag ontbreekt het je op dit ogenblik aan innerlijke rust en ben je niet in staat je zonder voortdurend nieuwe indrukken gelukkig te voelen. Je bent altijd bang dat je iets mist als je niet op het juiste moment op de juiste plaats bent. Maar wat is het juiste moment? En wat is de juiste plaats? Zou het niet kunnen zijn, dat het ware geluk daar helemaal niet te vinden is?

Innerlijke vrede is alleen te vinden als je rust vindt in jezelf. De zoektocht naar het grote geluk hangt niet zozeer af van uiterlijkheden. Veel mensen klagen vandaag de dag over innerlijke leegte – en proberen dit gevoel weg te drukken door allerlei uiterlijke ballast op zich te nemen. Tot ze merken dat de leegte ondanks alle luxe, succes en avontuur niet kleiner, maar juist groter wordt. Dat heb jij toch niet nodig, of wel soms? Probeer het dus simpel te houden!

John Wiering

Psychologische test
voorbereidende oefeningen

Een psychologische test kan van grote invloed zijn op je beroepsloopbaan. Die wetenschap kan samen met de onbekendheid van de testsituatie onzekerheid, angst en spanning met zich meebrengen die de testresultaten onnodig negatief beïnvloeden.

Dit boek is samengesteld als trainingsprogramma en bevat een breed en gevarieerd aanbod van oefeningen rond de karakteristieke elementen van intelligentietests:
- logisch denken
- ruimtelijk voorstellingsvermogen
- numeriek inzicht
- verbaal inzicht.

Dit boek maakt u vertrouwd met de vragen en stelt u in staat wetmatigheden te ontdekken in de ogenschijnlijke chaos van opdrachten en biedt u de mogelijkheid oplossingsstrategieën te ontwikkelen waarmee u de tests doeltreffend te lijf kunt gaan.

Robert Wood & Harry Tolley

Test uw emotionele intelligentie

Om succesvol te zijn is meer nodig dan alleen een hoog Intelligentie Quotiënt; een hoog Emotioneel Intelligentie Quotiënt (EQ) is van even groot belang. Werkgevers worden daar alerter op en een EQ-test wordt steeds vaker afgenomen.

In dit handzame boek leggen de auteurs uit wat EQ inhoudt en hoe je dit kunt meten. De gebruiker leert niet alleen de typische testvragen te onderkennen, maar ook hoe hij/zij zijn EQ kan stumuleren en verbeteren. De praktische vragen hebben tot doel aspecten van de vijf sleutelcomponenten van EQ te meten: zelfbewustzijn, zelfregulatie, empathie, motivatie en sociale vaardigheid.

Ken Russell / Philip Carter

The Times IQ-test
400 oefeningen uit de praktijk

IQ-tests maken steeds vaker deel uit van onderwijssystemen en wervings- en selectieprocedures. Dit boek bereidt u daar op een grondige en gedegen manier op voor.

U kunt uw IQ verhogen door verschillende tests te oefenen en u te wennen aan diverse vraagstellingen. Met dat doel voor ogen hebben de auteurs deze 400 nieuwe vragen verzameld en een richtlijn geformuleerd om uw score op de juiste manier te interpreteren.

Uw IQ verhogen op een paar essentiële punten kan deuren voor u openen die tot nu toe gesloten bleven.